適當的距離

距離

너도 나도 상처받지 않는

金素媛——著 尹嘉玄——譯

人就像寒冬裡的刺蝟，

靠得太近，會被刺痛，離得太遠，又會覺得寒冷；

最終，我們會學到如何保持適當距離。

──阿圖爾・叔本華 ARTHUR SCHOPENHAUER──

寒冬裡的刺蝟

臨床心理師　洪仲清

人就像寒冬裡的刺蝟，
靠得太近，會被刺痛，離得太遠，又會覺得寒冷；
最終，我們會學到如何保持適當距離。
——阿圖爾・叔本華

　　適當的距離能產生美感，而不適當的距離，常可能會過於疏遠，或者感覺負擔。不管是談人際，或者談自我，「距離」向來是相當重要的議題。

　　像是與眾不同，常被視為一種錯。有些家庭文化也會認為，大家價值觀要相近，關係才能親密。

　　這些價值觀固然有其歷史脈絡，但在目前這個時代，也不完全適用。因為不同，換個角度來說，便是多元，有時候是一種創造力的表現。面對困境也常需要逆向思考，人要成長也常藉著逆耳忠言，打破慣性常要有能力從現有的邏輯中抽離。

　　價值觀不同可以彼此學習，即使家人也不一定要黏在一起，關係容易窒息。小人的情誼常甜如蜜，但翻臉反目，其實瞬間就可以。

很多人怕獨處，但獨處比較容易找到真實的自己。我們流行一窩蜂，常跟著眾人盲目前進，儘管有時能換得一些安全感，也又常在群體裡特別感到寂寞空虛，因為我們並沒有好好地思考，到底這些對我們有什麼意義？

　　還有，我們做很多事，這個社會都預先幫我們設定好的目的。要爭輸贏、要高薪、要業績、要獲得權力⋯⋯，打開報章媒體，有權力者最常說出口的，就是批評⋯⋯

　　如果整體社會的狀態正在生病，那在社會裡的個人要健康也不容易。這個時候，跟社會保持適當距離，人會比較好活下去，至少能舒緩一些壓力。

　　我很關心兒童，有一個長年來的疑惑，一直想不清。現在有些孩子在國小階段，遇到考試就已經開始熬夜學習，睡不飽就會傷身體，更是損害專注力，又影響腦神經的發育，長期來說對成績不利。儘管邏輯矛盾，卻很少被喊停。

　　我們真的要用這種方式，讓孩子從童年開始，取得某種成功嗎？這是孩子想要的嗎？還是父母師長想要的呢？在這種情況下長大的孩子，以後真的能知道自己要什麼嗎？未來他們要確認自己的存在價值，是不是都得要透過符合他人期待來達成？

　　我們跟社會或他人之間的距離，其實是我們獨立與自由的空間，他人的評價，我們不是非得照單全收；我們幼年以來，從他人那邊內化的價值觀，也要在長大後重新思索，到底對我們適不適用？！

作者所提的距離，並不會讓人感覺疏離。作者的文筆溫暖關懷，展現包容理解，論理常以自己舉例，然後連結到當事人。

各篇看似有不同的故事，每個當事人，包括作者自己，都有不同的苦。但其實，作者最後都會以善待自己或愛自己，把各篇的精神連貫在一起。好像人與人之間因為痛苦而連結，恍恍惚惚感覺到某種愛就在裡面。

發掘出真正令你恐懼的的事情。
真正的成長，是從那一刻開始。
——卡爾・榮格

這本書真是一本自我療癒書，作者透過親切和煦的文字，帶領著讀者面對自己的恐懼。我讀這本書的時候，彷彿一位跟我年齡相近的朋友，在跟我對話。

我們不斷閱讀著文字，我們也不停地閱讀自己。作者除了分享自己的實務經驗，也淺淺地帶入理論，理論的論述停在恰恰好的地方，足以啟發我們的思考，幫助我們在自己的心裡，立足安穩。

作者的閱讀量也驚人，裡面引用一本又一本的書，喜歡文字之美的朋友有福了。書裡面的經典名句，漂亮又有內涵，光是讀這些摘句就多了不少靈感，藉此拼湊起內在的片片段段，對自己的過去也有新的體悟。

有時候我們真需要作者這樣的朋友，我們正一邊訴說著煩惱，她看似傾聽與回應，事實上正一邊幫我們梳理。作者相當重視情緒經驗，常沿著情緒的絲線，慢慢深入當事人的心裡面。

　　我們順著文字走完了整個故事，好像我們自己內在的凌亂也被整理了一遍。我自己作為心理工作者，一樣很享受這個過程。

　　謝謝作者出了這本書，謝謝作者從「距離」這個概念切入，把我們跟自己的距離也看清楚。我相當喜悅能推薦這本書，希望這本書能幫助讀者，認識自己、接納自己、肯定自己，最後願意無條件地愛自己。

　　祝福您，能抓到適當的距離，不被刺傷，又感覺溫馨！

掌握人際距離，做真實的自己

心理學作家　海苔熊

「在人際關係中，因為有時我們需要與人一起行動，有時也需要有獨處的空間。重點是要具備自由切換『一起模式』與『單獨模式』的能力。」──作者說。

　　其實，生活裡面很多尷尬的情境，往往都來自於我們無法在「一起」跟「單獨」當中好好的切換，有時候我們會覺得內心卡卡的，也有一些時候我們會過度在意別人的看法──儘管事後你可能發現他並沒有你想像當中那麼在意。這樣講可能有點抽象，所以我想要邀請大家思考兩個我們在生活當中經常會出現的問題：

　　晚輩來到你所居住的城市旅行，你們相約一起去吃飯，你知道自己的經濟狀況比他好的太多，他還是個學生，你會請這一餐嗎？是什麼影響你的決定？你會怎麼跟他說？

　　你等一下二十分鐘之後跟另外一位朋友A有約，但眼前這個朋友B還在滔滔不絕地分享他的事情，你不好意思打斷他，你已經無法專心聽他說話，又擔心這時候打斷會讓對方不高興或者是掃興，你會怎麼做？

不論你選擇說或者是不說，你覺得再來的後果會是什麼？

維持自在距離的三個黃金句

　　我想用上面這兩個問題來作為這本書的引子，你可以先暫停一下，想想這兩個問題的答案，然後下面我想要說我的故事。前陣子到加州柏克萊大學參訪，在加州待了一個多月，當中發生很多有趣的事，但讓我印象最深刻的，是人與人之間的界線。由於我們是跟老師一起來學習的，所以老師在每一次我們上完課之後，都會留下來跟我們討論當天上課的內容有沒有問題，有時候會在學校的學生活動中心坐下來聊，有時候就一起用餐，老師會帶我們到附近他熟悉、特別的店，有時候老師要去拿他剛洗好的衣服、買晚餐用的蔬菜，我們就走在 Berkeley 的馬路上邊走一邊談。除了專業的對話之外，下面幾個是我印象深刻的「生活界線」句：

「我等一下要到水果店買幾個橘子，你們要待在咖啡廳等我回來嗎？還是跟我一起走過去，我們可以邊聊。」
「這家披薩店的朝鮮薊相當美味，我會吃半個 pizza，你們幾個人看要不要合點一個，價錢大概是 20 美元左右。」
「我大約五點跟朋友有約，大家還有什麼問題嗎？或者是我們明天課堂上見？」

這個句子老師很自在說出來的時候，我內心覺得嘆為觀止。一方面你會覺得老師是關心你的福祉、照顧你的狀態，但另外一方面，你又可以感覺到自己有一些自主權，不會覺得占老師便宜、或感到彆扭。我記得幾年前跟一個前輩一起出國，當年我還是個窮學生，前輩幾乎一個人cover了我們幾個人所有的開銷，結果那一趟旅程，我幾乎沒有花到錢、也覺得很感謝前輩的慷慨和體貼，但總是覺得內心怪怪的，好幾年之後，我才終於知道那個「怪怪的」是什麼。當你知道你吃的這一餐要被人請客的時候，你點餐的時候就不敢太囂張；也因為這樣，當前輩說要去某些他想去的地方問你要不要一起去的時候，你心裡雖然有別的安排，但可能還是會陪同前往——發現了嗎，界線無所不在。當界線模糊不清的時候、當你心裡面的話沒有被說出來的時候，儘管雙方都是懷抱著某種好意，但是潛藏在當中的權力高低，還是可能讓彼此不舒服。

做或不做前的三個思考

　　所以這一次到柏克萊和老師幾天的互動下，老師不會cover我們的餐費，但我發現我們可以自在的做自己、選自己想吃的東西，自由的安排行程，而不會有一種「長不大還要別人照顧」的感覺，我突然悟出了一個道理——當你想要幫助別人的時候，可能要思考三件事情：

你的幫忙是不是他想要的（need）？

在幫忙的過程當中，你是不是也剝奪了他的自主性（autonomy）？什麼樣的方式可以表達我能做的，也兼顧到他的自主跟需求

相反地，如果你在人際關係當中經常有那種想說但是又不知道該不該說的糾結，你也可以思考與上面兩個問題相對的三點：

他的幫忙是不是我想要的？

在過程當中，我是不是不知不覺被剝奪了一些原本我可以自己做的事？

有沒有什麼方式可以表達我想要的，也可以聽到對方想做的？

生活裡的四種距離

回到前面老師的幾個「生活界線句」，你可以發現每一句都蘊含著三個重要的元素：我可以做什麼、我想要做什麼、以及你的想法是什麼？其實所有界線的問題，同時也是需求平衡的問題。在本書裡面強調的四種距離，每一個都跟表達需求和平衡遠近有關：

你與他人的距離：你「想要」什麼時候獨處，什麼時候和別人在一起？你「想要」怎麼樣的人際距離？當你的夥伴「不想要」和你太遠或太近的時候，你會如何平衡？

你與世界的距離：你「想要」與眾不同，還是特立獨行？或者，什

麼時候你會想要符合傳統的規範，什麼時候你會想要做自己？

你與工作的距離：你「想要」工作占你生活的比例是多少？你「想要」有彈性的工作還是比較結構化的工作模式？

你與自己的距離：你「想要」自己的情緒保持比較遠的距離（抽離），還是喜歡貼近情緒的感覺？

　　看完這本書之後，我發現作者所說的，和這陣子我在柏克萊跟老師的相處感受不謀而合。有時候我們之所以會覺得內心很糾結，是因為我們一方面不想要得罪別人，但另外一方面又想要自己的需求可以被理解；而比糾結更糾結的事情是，我們會因為過度在意別人怎麼看自己，一不小心忘記了要「保持距離」，忘記給自己一些「允許」。允許自己在聚會的時候不說話，允許自己有時間悲傷，允許自己不完美，甚至是允許自己討厭一個人。如果你也被這些糾結所苦，那麼或許是時候練習和身邊的人保持距離，或許你就會意外的發現，當你允許別人擁有他的自主，同時你也擁有了你的自主。

　　所有的痛苦都來自於人際關係，當你搞定與他人之間的距離，就能夠自在地與人相聚，也能夠自在地做自己。期待你能夠在這本書裡面找到一個空間，與真實的自己見面，成為「自己人生中的 VIP」。

適當的距離

每個人都需要適當的距離

「諮商師,您當初怎麼會選擇心理諮商這條路?」

這是來談者(前來接受諮商的人)最常問我的問題。畢竟大學專攻的不是心理諮商或心理學科目,對心靈進修也不是很感興趣,這樣的我,究竟是如何成為諮商師的?其實這要從三十歲那年說起,當時我突然罹患了憂鬱症,並遭遇了自我認同的危機。在我還小的時候,總期待「三十歲」代表著我已經確立人生方向、找到心儀對象,從此過著安穩的生活;然而,現實是我當時仍在為五斗米折腰,做著不喜歡的工作,過著充滿無奈與無力的日常,甚至連戀愛也談得不是很順利,畢竟我的內心十分焦慮,身旁的人一定也會受到影響(大部分人還是比較喜歡和能夠給予安定感而非混亂感的人在一起)。

我們往往會因為不敢面對內心焦慮,而刻意去做一些能夠暫時忘卻焦慮的行為,不然就是想盡辦法逃避;例如相約好姊妹聊天,或者去看一場電影、做運動、借酒澆愁等,但這些都只是治標不治本,並非長遠之計。你所逃避面對的那份情感,會在悄然無聲的瞬間,再次像黑影般籠罩,無論是藉由夢境裡的象徵重現,又或是透過多年後的類似經歷讓你再次感受,這都是因為過去那些備受打擊的強烈情感未

被完全消化所致。

　　人類的情感宛如一團能量，愈是將它往外推，就愈會緊緊吸附在你身上。如果不想被這種情感套牢、綁架，即便再苦，也一定要好好正視自己的感受才行。面對情感，有些人會因為不習慣或有所顧慮，而尋求專業諮商師的協助，如此才能在相對較為安心的環境中，與自己坦誠相見。

　　我寫這本書，主要是希望讀者在沒有專業諮商師的協助下，也能夠自行進行「自我諮商」，所以我在文末處都有列出幾個重新檢視自己內心的問題，讓各位可以透過自問自答的方式，了解你在人際關係中感受到的情感和內心需求，「原來我和某某相處時，會有這種感受」、「原來我的內心深處隱藏著這樣的心願」，唯有誠實面對內心最真實的自己，那些使你痛苦難耐的情感才會逐漸消失。

　　我治癒人心將近十年[1]的領悟是：許多人都會在人際關係中感到苦不堪言，同時也因為關係中的「情感」而受盡折磨，所以我們必須先準確意識到自己的情感，才能與人保持適當距離，不再因別人而內心受傷。這本書將為各位拋出與「適當距離」有關的四大主題。

　　第一，「我與他人的距離」；我們需要和周遭人士調整到適當距

1：以原文書出版年分（2018年）為標準。

離，為此，必須先觀察自己與他人互動時所感受到的情感及內心需求，記得，先別急於解決問題，試著練習讓自己在最真實的感受中停留一陣子。

第二，「我與世界的距離」；每個人都有獨特的特性（角色定位），但是在重視集體文化的韓國，人們容易將「與眾不同」視為是「錯誤」的，甚至刻意剝奪、漠視個人特性。為了讓自己能夠在保有個人特色的同時，又能在社會裡與人和諧相處，我們必須慎重思考關於自己的事情，因為真正了解自己的人，才會知道未來路要如何走，而且不依賴任何人。

第三，「工作與休閒的距離」；在成就導向型社會、工作中心型社會裡，我們很容易失去原本的自我（Self），近來流行的新創語「工生平」（維持工作與生活的平衡，Work and Life Balance），就如實反映出現代人渴望事業和生活可以達到平衡的心願。人類都需要適度休息，沒有餘裕的人生，就好比充入太多氣體的氣球，隨時都會「砰！」一聲爆炸。

第四，「我與自己的距離」；有時我們也需要將自己抽離，站在別人的角度客觀看待自己。人總是以自我為中心，甚至是自私的，容易發現別人的缺點，卻不易看見自己的短處。我經常對來談者耳提面命：「自己沒有的東西，就不可能給別人」，不懂得和自己相處的人，也不可能和別人相處融洽。換言之，擅長和人生主人（自己）相處的人，自然也能和其他人維持良好關係。每每回憶起年輕時期的我，多

少都會有些遺憾，要是早在當年懵懂無知的年紀就領悟到這番道理，也許我就不會浪費那麼多時間糾結於那些人際關係，而是選擇努力嘗試和自己相處。

　　這是一本屬於我們的故事，講述著不擅長面對人生、人際關係、內心情感的我們。為了保護當事人隱私，收錄於內文的實例都已變更過姓名，並進行改編重寫，雖然自知文筆欠佳，但仍感謝Cassiopeia出版社閔慧英代表的幫助，讓這本書得以問世。除此之外，也要對百分百信任我的家人、先生、兒子多民說聲：「愛你們」。這本書將獻給每週透過諮商展開「尋找自我旅程」的來談者們。

2018年4月，於首爾蠶室研究中心

金素媛

目次

004   **推薦序**

寒冬裡的刺蝟

008   **推薦序**

掌握人際距離，做真實的自己

014   **前言**

每個人都需要適當的距離

第 **1** 章 ／ **與人保持
安全距離的心理學**   023

025   給獨處時感到寂寞，與人相處又渾身不自在的你

030   找出自我需求

035   給不幸福的完美主義者一項警告

041   讓自己享有一個人的自由時光

046   市場上突然流行「溫度」系列的原因

050   他不是為了讓你受傷而出現在你面前

055   無論如何，我們都還是需要朋友

第 **2** 章 與身邊過從甚密的人
保持適當距離　　　　059

061　世界上最不自在的親密感

065　畢竟你我都是今生第一次

069　明明說愛我，為何卻要這樣對我？

075　只要有一個人願意聽我說

080　面對不知為何就是看他討厭的人

086　害死自己的「乖小孩情節」

第 **3** 章 在複雜的人際關係裡，
保護自我的內心管理方法　　　　091

093　我們的內心也需要套用極簡主義

098　我們現在需要的是親切的沉默

102　能夠享受孤獨這件事

107　罹患囤積病的人

112　如何減少不必要的情感浪費

118　人生中很少有真正必要的東西

124　「在一起，卻又保持獨立」的美學

第 4 章 / 人生不再孤單的 心理鍛鍊　　129

131　勇敢面對羈絆自己的內心恐懼

136　憂鬱症是一份給失去人生意義者的禮物

142　需要具備承受不確定性的內心力量

147　讀出憤怒背後的隱藏情感

151　把想要隱藏的自戀找出來

第 5 章 / 如何愛上 不完美的你和我　　157

159　承認每個人都不甚完美

163　幸福的放手，使彼此都得以自由

168　練習相識，進而理解

172　把厭惡昇華成憐憫

176　其實今天的表現已經十分耀眼

第 6 章 / 拉近
與自己的距離   181

- -

183　為什麼我的情感如此不受控？

187　沒有人的人生不需要心理諮商

191　關於偉大的停止

197　想哭的時候可以盡量哭

204　現在需要的是「一句籤詩」

210　所謂「做自己」

CHAPTER 1

〉〉

與人保持
安全距離的心理學

給獨處時感到寂寞，
與人相處又渾身不自在的你

我一個人吃飯

一個人看電影

一個人唱歌

像這樣一個人嚎啕大哭

你已經離我而去

就算後悔也來不及

今天的我，依舊是獨自一人

　　這是某知名女團的一首流行歌曲，裡面的歌詞內容，大意是在描述與心愛的人分手以後，自我安慰著排山倒海而來的寂寞感與空虛感；然而，仔細聽這首歌會發現，故事主角的情緒好像也沒有特別陰沉，或是傷心難過，反而從一個人到處閒晃的歌詞情境中，感受到無拘無束的瀟灑自由。

　　都說音樂反映著一個時代的潮流，當這組女團的歌曲正熱播時，正好也出現了「獨玩」、「獨食」等獨自一人做某些事情的文化，這和

我們上一代，不論好事、壞事都強調要和他人一起分擔的思維大相逕庭，光是幾年前還認為獨來獨往是沒朋友、可憐、孤單的象徵的那些人，如今也變得能一個人獨自行動了。

這樣的文化甚至蔓延到了職場，有愈來愈多上班族會選擇在午休時間獨自用餐，不再把一整天唯一的自由時光花在和同事們聚餐；他們寧願一個人到咖啡廳裡吃三明治、喝咖啡，放鬆心情，享受獨處時光，也不願意再為了顧及別人而選擇不是很想吃的餐點，更不用聊一些沒營養的垃圾話，把那一小時的自由時間完全用來讓自己放鬆充電。對於生性較為敏感的人來說，尤其需要獨處時間，他們要是一次接收過多的外部刺激，就容易感到心力交瘁，消耗掉許多能量，下班後回到家也會像過酸的老泡菜一樣癱軟無力。

但是不可諱言，也有一群人對這樣的新興文化抱持狐疑，他們擔心要是一直發展下去，社會會變得過度個人主義，也批判社交軟體上的「獨食」、「獨飲」等自玩照片，會淪為另一種炫耀行為。雖然這樣的顧慮不無道理，但可以確定的是，既然有愈來愈多「獨族[1]」出現，就表示有許多人其實並不適應凡事都要集體行動的文化。

我在幾年前偶然收聽到一個廣播節目叫「走播」，那是由一名報社女記者經營的廣播頻道，她會把獨自一人走在路上的所見所聞、心得感想，透過廣播傳遞給聽眾，雖然她不免還是會收到一些聽眾的建議，諸如：「幹麼自己一個人走，和好朋友一起走不是很好嗎？」「有那個時間獨自走路，不如拿來談戀愛。」但她仍無動於衷，堅持獨自走路。

適當的距離

其實她並不是因為沒朋友才選擇獨自走路，而是想專注在一個人行走時自然會浮現的各種感覺和念頭，或是回想一些與人共處時未曾認真思考過的事情而已，她覺得唯有這段獨自行走的時光可以徹底回歸到真實的自己。平時她總是隱身在人群中，默默配合著別人的想法，不敢有自己的意見，不知道是不是因為自幼父母就不停向她灌輸「一定要配合大家過生活」的觀念所致，她發現愈是配合他人，內心就愈感到自責，彷彿是在自欺欺人一樣，心裡很不踏實；但是自從開始「走播」之後，她開始變得愈來愈了解自己的真實感受，以及真正想要什麼。

對她而言，「獨自行走」是一段尋找真實自我的旅程。

沒有安排諮商的日子，我也會到附近公園獨自散步，不帶任何理由和目的悠閒漫步。走著走著，一些絕妙的靈感便會浮出腦海，複雜的心情也被一點一滴淨空。在集體社會裡生活久了，難免會在意他人對自己的看法、評價，但是一個人散步思索，反而可以把焦點重新放回自己身上。

「過猶不及」這句成語其實也適用在人際關係裡，與人過從甚密容易產生壓力，獨處時間過長也不見得是好事，也許在過度強調集體意識

1：指韓國近年來流行的「一人文化」，包括獨自吃飯、獨自喝酒、獨自生活等，一個人進行的活動。

的韓國社會裡，自玩文化是必經的一段成長痛，而我們真正嚮往的生活型態，也或許是尊重彼此的同時還能夠互相幫忙。

我們早已習慣二元論（二分法）的思考方式，但這樣的思維很難套用在人際關係中，因為有時我們需要與人一起行動，有時也需要有獨處的空間。

重點是要具備自由切換「一起模式」與「單獨模式」的能力。

總是為人際關係苦惱煩心的人，原因往往在於無法自由切換「一起模式」與「單獨模式」。記得，與人共處時，只要分享自己的一部分即可，不需要把全部都攤開來給人家看；與自己獨處時，則專心享受那份自由感即可，盡情去做一些和其他人在一起時無法去做的事情。

對於獨處時感到寂寞、與人相處又渾身不自在的人，身為一名諮商師能夠給予的建議是：「每個人在人群中或多或少都會感到有些不自在，只是心思細膩的人會相對更敏感一些而已，所以千萬不要以為是自己有問題，不妨試著將你感到不自在的原因寫在筆記本上，也許會有助於改善問題。」

另外，有時候當你想要獨處，可能是真的想要一段屬於自己的時間，但也有可能代表你在團體中並不被尊重，或是沒有辦法做自己，才會產生失落感。因此，能夠在團體中與人打成一片，也懂得適時抽身、自得其樂的人，也許才能夠稱得上是真正的「獨族」。

適當的距離

一、 我喜歡一人獨處，還是喜歡與人共處？（可以複選）

二、 當我內心感到煩悶時，是否會找朋友傾訴？如果不會，理由為何？

三、 現在的我，需要哪一種人際關係？

找出自我需求

　　最近令我苦惱的一件事情是智慧型手機的使用問題，雖然我不常用手機來玩遊戲或上網，但是為了寫一些文章，我會登入社群網站（Social Network Service，簡稱SNS，一種線上服務平台，和特定興趣或嗜好的網友建立關係網）與網友進行交流，不知不覺間，就會發現自己使用手機的時間過長。自從手機一口氣取代手錶、計算機、地圖、地鐵路線圖、報紙、mp3的角色之後，人們彷彿罹患了「智慧型手機戒斷症」，只要一發現手機不在身邊，就會產生嚴重焦慮。

　　另一個手機不離身的原因是，張貼在社群網站上的文章會有網友按讚的機制，最近我才剛申請部落格與Instagram帳號，尤其後者可以立即看見網友對我所張貼的照片和文字有何回應，自然而然就會想要不停確認有沒有人留言或者按讚。

　　只要上傳漂亮的照片或者將想法打成文字，按下發布鍵，就會瞬間湧入大量的愛心，這樣的回饋機制會使發布者有一種自己好像滿厲害的感覺，雖然還不至於沉迷到想要成為焦點人物，但也不可否認，大家閱讀我的文章、對我釋出善意，依然是一件令我感到愉快的事情。

　　所以我認為，這種社群網站的開發者其實很擅於洞察人心。我們總是想要獲得別人的認同和喜歡，雖然每個人對於這件事情的渴望程度

不一，但是渴望得到認同絕對是人類最基本的內心需求。從年幼時期就明顯可見，就算是小朋友也會透過畫畫、在某人面前表演唱歌跳舞，來觀察對方的反應，並藉由對方的正面反應，例如：讚歎、喜悅、驚訝，來獲得自我滿足。換言之，別人的認可能夠提升一個人的自尊。

一個人若是年幼時得不到別具意義的他人（大部分是父母）關心，或經常接收到負面回應，往往難以養成健康的自尊，更容易缺乏認同，始終渴望別人給予稱讚和認可。當然，我的意思並不是指社群網站使用者都是為了得到別人的稱讚與認可，也有許多人是為了和興趣相投的人交流，建立擁有相同嗜好的人脈。

我曾經聽過一場演講，主講人是以研究自尊感而聞名的精神分析家——李武石（이무석），當時他對臺下聽眾說過一段故事，他認為「認同上癮症」是當今韓國社會最大問題，不分男女老少，都要藉由他人的認可來證明自身能力，而且不僅是個人能力，包括個人品味、人品、性格等，都要先得到別人的認可，才會開始用正面的角度看待自己，等於罹患了執著於尋求認可的疾病。他講述著韓國人對成功的執著，每個人只要看到寫著「成功」兩個字的旗幟，就會不顧一切先衝再說，也不管那條路是不是自己想走的路，最終不論是順利踏上世俗定義「成功之路」的人，還是沒能順利踏上的，統統都罹患了心理疾病，因為他們根本不清楚自己要什麼。

身為治癒人心的諮商師，我完全同意他的說法。韓國是一個充斥著渴望受人認可的「認同上癮症」社會，一定要得到別人的正面回應才

會感到心安，才會認為自己走在正確的道路上。通常對自己不甚了解或優柔寡斷的人愈容易有這種情形。近年來，找我接受心理諮商的人當中，有絕大部分都讓我明顯感受到他們根本不了解自己的內心需求，甚至還有許多人已經年過半百了，卻不曉得自己到底要什麼。

我們怎麼會變得如此不了解自身需求？在我看來有兩個原因：一是韓國特有的偏差文化——愛與人比較；二是過度壓抑情緒的社會。先來談談第一點，自幼我們都是從父母那裡學習成功與幸福的定義，彷彿一定要接受高等教育，進入頂尖大學，在大企業裡任職，或者從事專業技術工作，結婚生子，過著幸福美滿的日子，才叫做成功，一旦脫離這條約定俗成的路線，就會成了人生失敗組，不斷貶低自己。儘管我們每個人渴望的人生都不盡相同，更有著截然不同的才華和性格，卻還是在他人規範出來的價值條件中尋求認可，且唯有得到認可，才願意承認自己的存在價值。所以每個人才會不斷地問別人，而不是問自己：

「我是否有走在正確的道路上？」

再來是第二點，過度壓抑情緒的社會。相信每個人小時候都一定有跌倒的經驗，跌倒時會感到疼痛、丟臉，甚至想哭，但是每當我們跌倒時，大人總會對我們說一句話：

「不准哭，才那麼一點點痛就哭，有什麼好哭的。」

都已經跌倒受傷了，就是因為很痛所以才哭，卻被要求忍住不許哭，這會不會太殘忍！偏偏我們從小就被長輩耳提面命，不管多痛都要忍住不可以哭，不管多難過都不可以顯現於色（至於情緒能夠完全被父母接納的人，反而比較能明確表達出自己的需求和情感），當這樣的壓抑情感經驗重複發生時，我們會連認知自我情感的能力也徹底喪失，下意識地壓抑住內心情感或需求，就算不是刻意，久而久之，也會變成身體記憶，習慣成自然。

無法認知自我需求、以為其他人認為不錯的人生就是自己想要的人生、毫無靈魂地過日子……這些現象正好是我們的寫照，我相信沒有任何悲劇比這還要悲慘。最終，不了解自己的人也就等於失去自我需求的人。

眼下當務之急，要先找回失去的自我需求才行，記得，是要找到「自我滿足」而非世俗定義的「成功」，你需要用心觀察過去漠視已久的內心需求，開始了解自我。自尊來自於不看任何人臉色、專心做喜愛之事的那份態度，就算是他人眼裡看起來微不足道的興趣，只要能為自己帶來強烈靈感，那便是非做不可之事。比起那些毫無意義的「讚」，更重要的是傾聽內心深處怦然心動的聲音。

CHECK

一、 我希望別人如何看待我？

二、 我有哪些面貌是容易獲得他人認可的？

三、 試著寫下我眼裡的自己，以及他人眼裡的我。

我眼裡的自己	他人眼裡的我	
	○	

適當的距離

獨處時寂寞，與人相處又不自在，人際關係不疲累的暖心練習

給不幸福的完美主義者
一項警告

　　明明不是考試期間，大學生志勳卻已經坐在書桌前一個多小時，不斷埋首書寫、修改、背誦。他的嗓音沉穩又冷靜，神情卻明顯焦慮。他重新默讀寫好的講稿，闔上雙眼，回想那些內容，兩隻手也沒閒著，一直在練習肢體語言。

　　隔天，志勳提早一小時抵達講堂，他開始低聲複誦昨晚準備的講稿，原來那天是系上學長姊與學弟妹相見歡的日子。隨著學生陸續聚集，終於來到了自我介紹的時間，大家開始一一走上臺做簡單的自我介紹，藉此認識彼此。儘管講堂裡充滿著歡樂的氣氛，志勳仍全神貫注在自己的世界裡，無法融入大家；因為他滿腦子只想著：不能緊張、不能口誤，被焦慮感徹底籠罩。隨著輪到他進行自我介紹的順序逐漸逼近，他開始掌心冒汗、口乾舌燥，雖然他拿起前方的礦泉水喝下幾口，試圖想要潤潤喉嚨、緩解一下緊張情緒，卻徒勞無功。終於，主持人喊出了他的名字，請他上臺。

　　「大、大家好，我、我是 2016 年入學的金、金志勳，我、我……」

　　有別於昨晚獨自練習時的沉著穩重，今天的他，說話嗓音明顯顫抖，甚至害羞得滿臉通紅，就連頸部也紅到發紫，隨著臺下觀眾的視線

全部聚焦到他身上，他的焦慮感也愈發嚴重，最後連自己在說什麼都毫無概念，只能任由舌頭在嘴巴裡擺動，他已經變得語無倫次，一心只希望這段折磨人的時光可以盡早結束。

自此之後，他不再出席任何系上的活動，只要聽說要上臺簡報的課也一律不選，他嚴重受到社交焦慮症（Social Phobia）所困擾，所以前來找我接受心理諮商。

我對志勳的第一印象是：身高一百八十公分，肌膚白皙乾淨，外型俊俏。然而儘管他有著人人稱羨的外表，神情卻依舊焦慮不安，低著頭走進了我的諮商室。原來他到高中以前都是班上成績優異且容易害羞的學生，但在交友上都還算順利圓滿；沒想到自從上了大學以後，焦慮症卻使得他連日常生活都難以順利進行，只要站在陌生人面前，就會不由自主地臉紅耳熱、手心冒汗，心臟更是失控狂跳。

所謂社交焦慮，是指在群眾面前經歷過害羞或錯愕的情況後，開始逃避面對各種社交場合，導致日常生活功能低下的心理疾病。這在韓國很常見，尤其是大學生或二十至三十世代上班族，較容易飽受社交焦慮之苦，甚至進一步尋求諮商師的協助。這些人大多有著在人多場合發言時會極度焦慮的症狀，另外，對於和異性相處這件事也會感到非常不自在。

他們的內心深處其實都有一樣的念頭：不可以犯錯。彷彿只要稍有差錯，就會成為眾人笑柄，要是不能完美表現，倒不如不要丟人現眼，甚至內建著自己在眾目睽睽之下一定會出糗的焦慮感，以及「在眾人眼

裡我一定是個草包」的非理性信念（Irrational Belief），這些感受往往來自於過去曾感受過的羞恥或自卑經驗。

假如在學校遭受過其他同學攻擊自己的外表，或者父母一直不斷強調不可以搞砸成績，抑或是在他人面前犯過致命性的失誤等，那些當下所感受到的情緒沒有被好好處理消化的話，就會繼續停留在潛意識裡，當你再度站在群眾面前時就會變得極度焦慮。這些人大部分都有很高的自我意識，容易誤以為其他人都在緊盯著自己的一舉一動。

這些人真正要做的事情是，將那些非理性信念轉換成理性信念，把折磨自己的自卑感一一挖掘出來仔細察看，然後承認、接納的確不夠完美的自己。

非理性信念	理性信念
所有人都在注視我的一舉一動。	別人其實對我沒什麼興趣。
所有事情都一定要做到完美。	就算有一些小失誤也無妨。

志勳接受了一年的心理諮商，我協助他釐清長年來一直困擾他的非理性信念，並將其轉換成理性信念，把所有人都在關注自己、一定要把每一件事情都做到完美的想法，轉換成更切實際、有轉圜餘地的念頭；我也試著去了解來談者覺得自己受人矚目時的感覺，請他精準描述當下所感受到的焦慮或不安全感。

如果在人際關係裡持續感覺不自在或痛苦的話，就必須先從認清內心深處的焦慮究竟是哪一種焦慮開始；比方說，當自己沒有把某件事情做好時，其他人會認為我一無是處的焦慮感，或者害怕被別人批判指責的焦慮感，抑或是擔心被人拒絕、不受任何人喜愛的焦慮感，甚至是只要沒有展現出自己的特點，就會被認為是沒用的人等焦慮感，要先準確釐清隱藏在內心深處的焦慮感來源究竟為何才行。

　　有句話叫做「不幸的完美主義者」，泛指那些設定了根本不可能達成的高目標，然後不斷努力想達標，沒達標時就會備感自責的人。他們往往有著「與其做半套，不如不要做」的觀念，寧願選擇躲在後方觀望，不論是課業、工作、家事、育兒，對他們來說都是需要完美達成的項目，要是做的不夠好，就會率先當起審判官，對自己進行嚴厲的懲罰，「我竟然只能做到這樣而已，實在太蠢、太沒用了。」而且也因為從未承認過自己的不完美，所以會對自己更加嚴苛。在別人面前，這項標準會變得比平時更高，因為他們會要求表現要能符合別人的期待、獲得他人的認可，才能承認自己的存在價值。

　　對於這些人來說，他們需要的是一種信念──「就算不完美，我也依然是個不錯的人」。這樣的信念不會在一夕間突然迸出，而是要透過如同一面鏡子般的存在（諮商師或者身邊別具意義的他人）來確立自我意象，而這面鏡子是要能在他們犯錯、不完美時，依舊能表示沒關係，包容他們、並且鼓勵他們的人。

像這樣重新體驗到的人際關係，有助於「不幸的完美主義者」擺脫凡事都一定要做到盡善盡美的強迫觀念，使他們重拾與人真心交流相愛的那種心靈上的餘裕。

當我們把「注視著我的他人」轉換成「與我交流的他人」時，一段全新的人際關係便從此展開。

一、 我有哪些弱點是不希望被別人看見的？

二、 我對於那些弱點帶有什麼樣的情感？

三、 試著把我對弱點的非理性信念轉換成理性信念。

非理性信念	理性信念	

適當的距離

讓自己享有
一個人的自由時光

　　我對美術和音樂一竅不通，但絲毫不影響我對這兩者的喜愛。只要是沒有諮商的日子，我就會坐在車子裡聽喜歡的音樂，也會到景福宮附近走走，有時則會被偶遇的作品吸引進美術館。

　　去年秋天，一場展覽吸引了我的注意，那是作家崔容信（최용신）以「Link：關係或連結」為主題所舉辦的裝置藝術展，當我走進展間的那一剎那，不禁懷疑自己的眼耳——明明走進一間美術館，觸目所及卻是密密麻麻的鐵絲網，從天花板延伸至地板，還發出奇怪的碰撞聲響，宛如置身工廠一樣，令人錯愕不已。從遠處觀看這件裝置藝術作品時，簡直就像一坨凌亂交錯的髮絲，走近一看才發現，原來是用鐵絲製成的人偶相互依偎在一起。

　　他們的手腳像扣環一樣緊緊相連，創造出另一種集體，而非單獨個人。我認為這件作品恰如其分地反映著我們的社會面——我們從早到晚不斷與人建立關係，早上通勤時會與眾多的路人甲乙擦肩而過，搭乘地鐵時也會登入社交軟體關心他人的動態、互道早安，甚至與素未謀面的人用文字或照片溝通往來；抵達公司以後，會與同事一起吃飯、喝茶、聊天，比和家人的相處時間還要長；回到家以後，則是和家人或寵物共度日常。

一段有意義的人際關係，不僅可以使自己成長，還有助於重新看見自我；然而，不是每一段人際關係都令人感覺舒適，身處在眾多人際關係當中的我們，偶爾也會感到身心俱疲，出現人際關係倦怠（Burnout）症狀。

　　隨著智慧型手機普及，以及各種社群網站的興起，我們獲得了便利，卻也失去了該有的「一個人的自由時光」，就算下了班回到家，想準備喝一杯熱茶放鬆身心，也會因為某人的來電或通知，導致休息被迫中斷；明明是為了停下忙碌腳步讓自己短暫放鬆一下的，卻被一支小小的電子裝置將生活節奏徹底打亂。

　　我相信在人際關係裡感到疲乏的絕對不只我一個人，所有上班族、家庭主婦，甚至是小朋友，應該都深受人際關係所苦，這是人生中很重要的一項課題。如果世上所有人都待人友善、相敬如賓、體諒彼此的話，人際關係也許就不會使人如此勞心費神，但實際上，大家不可能都配合我的需求，只會說各自想說的、聽各自想聽的。雖然彼此看似在交談，但多數情況是各說各的、沒有心靈上的交集，像這樣的人際關係就會使我變得沉默寡言，只想純粹扮演一個聆聽者的角色即可。

　　我偏好的音樂類型當中，有一種曲風不太符合心理諮商師這個身分，那就是嘻哈。最近喜歡聽的一首歌曲是饒舌歌手Nucksal（넉살）和歌手金範洙（김범수）合唱的「燈絲」（Filament），副歌的歌詞不知為何深植我心。

適當的距離

默默看著

獨自照亮我那小房間的 Light

Too many ups and down

總有一天不再發光發熱

也許黑暗能讓我更舒適自在

使我更加自由

Life like filament

　　這首歌道盡了饒舌歌手Nucksal過去十年沒沒無聞的時光，以及當時他遭受到的鄙視、內心受創、對父母的愧歉，算是一首回顧自我人生的歌曲。仔細聆聽這首歌的歌詞，彷彿可以切身體會他當初的悲傷與孤單──也許黑暗能讓我更舒適自在，使我更加自由。換言之，在明亮的世界裡，則必須承擔世間冷暖，比起在人群中承受那些有形、無形的攻擊，不如獨自躲在黑暗中，與熱愛的饒舌為伍。這段話言猶在耳，對於從事寫作的我來說，也能產生很深的共鳴。

　　我們在人際關係中相愛、受傷、失望，卻又不斷結交新的人際關係。人類只要活在世界上，就難逃與人結識的宿命，畢竟人類是不能獨自生存的群居動物。但是對於活在複雜時代裡的我們來說，需要的是能夠維持精神健康的人際關係。要是能全然理解所有與自己有關係的人，就不會有糾紛了，但這樣的想法是不切實際的，我們能做的最佳方案，

與人保持安全距離的心理學　　43

就是與他人維持適當距離，並在這樣的關係中堅守自我。

　　這樣的能力並非一朝一夕就能養成，要經過反覆與人相處、跌跌撞撞，才有辦法逐漸養成屬於自己的社交手腕，當你因人際關係問題而感到痛苦難耐時，也才能夠以自我反省取代批評他人，經歷一段正向蛻變。我們不能控制他人的行為和發言，但絕對可以控制好自己不因他人而輕易受傷。

　　如今是一個充斥著各種刺激與連結的時代，對於暴露在這種時代裡的我們來說，需要的人際關係是以不危害精神健康為前提，與此同時，我們也需要屬於一個人的獨處時間，以及面對外部刺激時，能夠守護自我的強大內心力量。

一、 請寫下目前使你難以調節距離的人際關係。

二、 在那些難以調節距離的人際關係裡，經常發生哪些衝突？

三、 面對那些衝突，你的內心有何感受？

四、 為了讓彼此關係變好，需要做哪些事情？

五、 為了減少糾紛，能做哪些努力？

市場上突然流行
「溫度」系列的原因

　　最近不論是在電視或者書店中，都經常可見「溫度」這個關鍵字，從銷售破百萬本、把讀者推向溫度熱浪中的李起周（이기주）作家的著作《語言的溫度》[2]（언어의 온도），到精神科醫師金昞秀（김병수）的著作《情感的溫度》（감정의 온도），甚至是創下高收視率的韓劇《愛情的溫度》（사랑의 온도），我們究竟為何如此熱衷於「溫度」？

　　人類都有所謂「歸屬本能」（Homing instinct），亦即「想返家的心情」。其實不只是人類，動物也有這種本能，甚至就連依附在岸邊礁石上的海鮮，也會在白天四處漂泊，晚上再重回石頭底下躲藏休息，這種「想要重回養育自身的棲息地」的生物本能，就稱之為「歸屬本能」或「回歸本能」。

　　人類最熟悉、在此擁有生命的第一個空間，即為母親的子宮。胎兒在羊水裡享受著溫暖，不時游泳、吸收養分，聽著媽媽的說話聲，感受舒適，那是人類最舒服又完美的空間，也是絕佳保溫箱。當我們離鄉背井、在外打拚時，往往會懷念媽媽燒的一手好菜、兒時玩耍的小公園等，或許也是出自於現代人的歸屬本能——想要重新體會曾經感受過的內心溫度。

Instagram上的燭光咖啡廳、有著美麗拉花的咖啡、美味甜點和餅乾等這些照片，之所以會吸引那麼多人按讚，我想也是因為人們想要提升冰冷的內心溫度、感受溫暖的緣故。食物在心理學領域象徵「愛」，因此，藉由喝咖啡或吃甜食，可以彌補我們內心缺乏的愛，而現代人也總是渴望愛與溫暖。

　　我曾看過一部電影，觀賞時內心溫度會提升一度左右。當你靜靜看著電影裡的情節，甚至彷彿會聞到剛煮好的香噴噴白米飯和香醇的咖啡味從某處飄來，這部電影叫《海鷗食堂》（かもめ食堂）。劇中女主角幸江在靜謐的國度芬蘭，開設了一間專賣飯糰的日本食堂，她每天早晨都會清理店面、準備食材，以此作為一天的開始，準備迎接上門的客人。其實，這間海鷗食堂已經整整一個月連一隻蒼蠅都沒看見，儘管如此，幸江每天依舊專注於自己該做的事，向附近鄰居學習如何沖泡出更美味的咖啡，烤著美味的肉桂卷，分送給好不容易上門用餐的客人。

　　後來，過路人開始紛紛對這間海鷗食堂感到好奇；有對日文和漫畫角色充滿興趣的二十多歲芬蘭年輕人、有被丈夫拋棄後心懷怨恨整日酗酒的婦人、也有不顧一切收拾行李直奔芬蘭旅遊的日本女子、還有在機場遺失行李後開始懷疑自我的中年女子等，海鷗食堂搖身一變，成了過

2：台灣版書名《解語之書》，三采，2018

路人短暫歇息、享用一頓溫飽的場所。

　　女主角幸江從來沒有對那些上門訴苦的客人置之不理，取而代之的是誠心接納他們，甚至對擅闖食堂的男子也沒有多加苛責，反而聆聽他的遭遇，並送上親手做的飯糰。女主角不會特別說一些溫暖或安慰的話，只是默默為客人做著暖心又暖胃的食物。

　　其實幸江把飯糰設定為這間食堂的主要販售項目是有原因的，她自幼失去母親，必須一肩扛起所有家事，而一年當中她只有兩次機會能吃到別人為她準備的食物，那就是學校運動會和戶外郊遊日。

　　她的父親認為，飯糰要吃別人捏的才好吃，所以會特地一早起床為女兒準備便當，雖然父親捏的飯糰裡加的是鮭魚、醃梅、魚乾等餡料，都不是孩子們喜歡吃的，而且形狀也不是很好看，但她認為那是世界上最好吃的食物，聽聞她訴說這段故事的同事不禁紅了眼眶。

「咖啡要喝別人沖的才好喝。」
「飯糰要吃別人捏的才好吃。」

　　這兩句臺詞經常出現在這部電影裡，乍聽之下可能會感到納悶，明明都是用同樣的食材製作而成，別人做的竟然會比自己做的好吃？但我相信所有人在聽見這些臺詞時，一定都會暗自點頭默認。

　　最近我得了流感，一開始以為只是一般的小感冒，只要用棉被緊緊包裹住身體，躺在床上休息就好；孰料才過不久便燒到三十九

度，感覺身體快要散架般疼痛不已，似乎是因為我多年來邊工作邊育兒沒顧好身體，免疫力下滑所致。一名朋友實在看不下去，覺得我太可憐，於是一手拿著麵包、一手拎著一罐超大的保溫瓶，跑來我家探望。當她打開瓶蓋的那一瞬間，各種水果、蜂蜜的香氣撲鼻而來，那是一罐用香橙、蘋果、檸檬等富含維他命的水果和蜂蜜一起熬煮而成的水果茶，想著她為了抱病在床的我用心熬煮這壺水果茶，我的內心一隅就感到一陣溫暖。

也許是朋友熬製的特效藥奏效了，原本折騰我一個禮拜的流感開始逐漸好轉，痠痛的身體也慢慢康復；雖然不曉得水果和蜂蜜是否對抵抗流感起了作用，但重點是有人擔心我、為我準備食物，確實幫助我修復了身體，而且還非常美味。

就算是微不足道的小東西，只要夾帶著為某人著想的心意，「人的溫度」似乎就會蘊含在其中，不論是食物、手寫信，還是小禮物都一樣，甚至就連某人傳來的簡訊或一句簡短留言，都可以領會到對方的善心與暖意。

雖然一個人獨處很自在，但人類終究是群居動物，有時還是免不了需要有個人在身邊互相關照。渴望有個可以接納我、理解我、給我溫暖的人，這會不會是生活在冷酷現實中的我們最真實的心情寫照呢？

他不是為了讓你受傷
而出現在你面前

「諮商師您好，我本來預約明天要找您諮商，不曉得能否改成今天？因為我現在心裡實在難受⋯⋯」

　　正當我準備把湯匙塞進兒子多民的嘴裡餵他吃飯時，來談者智恩小姐突然傳來了這封迫切的簡訊。智恩小姐平時表現理性冷靜，甚至過度謙和有禮，一直給人摸不透的感覺，所以我總是對她不太放心。一般來說，只要沒有安排諮商的日子，我都不會和來談者見面，但是那天直覺告訴我，一定要和她當面聊一聊才行。

　　我隨手抓了一件外套急忙穿上，趕去研究中心，當我把車停在大樓前走進大門的那一剎那，一名蹲坐在階梯上、把臉埋在膝蓋中的女子映入了我眼簾，地上散落著她擦過鼻涕和眼淚的衛生紙，為了隱忍哭泣，她那嬌小的肩膀一直不停顫抖。當我走近，她淚流滿面地抬頭望向了我，那名女子正是來談者智恩小姐。

　　我將她攙扶到舒適的沙發椅上，接著去沏了一壺熱茶，含有洋甘菊的花草茶包浸泡在熱開水裡，透明的開水瞬間染黃。她需要一段能緩和心情的時間，我也何嘗不是。幾分鐘後，智恩小姐的心情明顯平靜許

多，她淡定地開口說道：

「諮商師，我最後還是選擇和他分手了，我早就知道會是這樣的結局，也明知道他是個爛咖……但我還是陷了進去。我覺得自己好蠢，很想死。」

原來她和交往六個月的男友分手了，但因為難忍分手之痛，所以痛不欲生。在過去每週的諮商過程中，智恩小姐一直都在分享她和男友之間的美好點滴；然而奇怪的是，她每次來諮商都滿臉愁容。我可以感受到她應該是堅持了一段痛苦的戀情，最後卻再也控制不住情緒，徹底崩潰。

根據智恩小姐的陳述，這場愛情來得非常突然，她只花短短幾分鐘就和那位男士看對眼，像是命中注定般，一眼便看出對方是自己的真命天子。自從兩人開始交往以後，智恩小姐就處處配合對方，只要對方提出要見面約會，她就會排除萬難配合；為了得到男友的愛、討他歡心，也努力打扮自己。但是隨著時間流逝，對方卻愈來愈不重視智恩小姐，甚至將她的好意視為理所當然，更將她排除在自己的人生之外。

智恩小姐變得愈來愈執著於這段戀情，渴望得到對方的關注與愛意，但是每當她看見身在這段關係中的自己時，就會感到痛苦卑微，儘管如此，她仍選擇相信愛就是奉獻、包容，所以不惜放下身段，也要拚

命維繫這段感情。然而，她得知了一項令她灰心喪志的消息，原來對方早有一名交往已久的正牌女友。

　　一項研究指出，人類可以在短短○・二秒鐘墜入情網，雖然不曉得是賀爾蒙作祟還是愛神厄洛斯（Eros）的詛咒所致，愛的火苗就是會如此強烈且瞬間迸出。精神分析學家佛洛伊德指出，夢是通往潛意識的道路；但是在我看來，也許男女之間的愛情才是真正通往潛意識的道路。我們往往是在不自覺的情況下深深著迷於對方，而非有意識的狀態下產生這樣的情愫。而且與其說是被他（她）俊俏亮麗的外表吸引，不如說是對方渾身散發出來的「感覺」使你著迷。

　　要是跟著那份「感覺」走，就會發現自己在不知不覺間已經牽起他（她）的手，抑或是已經因他（她）而吃醋或惱怒。其實，我們擇愛的標準是下意識的，當我們發現某個人能夠填補自己兒時缺乏的親情或渴望已久的愛時，就會不自覺地墜入情網。尤其當你一見鍾情時，這種感覺更是濃烈。由此可見，愛情其實和自己的過去有很深的連結。

　　智恩小姐自己也心知肚明，從過去到現在交往的對象大多是壞男人型；但奇怪的是，偏偏每次都被這種類型吸引，她也對此十分苦惱。之所以如此，都要追溯到幼年時期，她有個處處留情的父親，因此她從小就立志長大後千萬不要找一個像她父親一樣的對象，孰料每一任男友都和她父親一模一樣，是個不折不扣的花心男。雖然她總是安慰自己：「這次絕對不會再看走眼，這個男人這麼單純、善良，絕對不可能花心。」但最終都還是傷透了她的心。

若是智恩小姐不好好解決存在於內心已久的問題，未來的戀情仍很可能會繼續遍體鱗傷；因為真正的問題不是花心的另一半，而是埋藏在她心中已久、早已滿目瘡痍的童年創傷。就如同乾癟的海綿遇水會瞬間膨脹一樣，餓了好幾天突然看見滿桌菜餚也會不計形象囫圇吞棗；當我們在內心缺乏愛的狀態下，不論和誰對到眼，都會為了尋求對方的愛與認可而汲汲營營，甚至失去理智。

　　為了談一場健康的戀愛，你該做的首要之事是仔細檢視內心深處的匱乏感代表什麼？那有可能是你渴望已久的安全感，也有可能是隱藏在內心深處一直想得到的成就感；有可能是對美麗的渴望，也有可能是想要獲得某人認可的慾望。從了解、發覺自己真正希望彌補的慾望究竟是什麼開始，為迎接下一段新戀情作準備。若你經常感到內在匱乏，這並不是一件可恥的事，只要先認知自己缺乏什麼，再一一填補起來，就有辦法走上正軌。而且，適當的匱乏感其實是使你成長的動力。

　　當初使你傷心欲絕、離你而去的那個人，其實並不是為了傷害你，而是為了使你有所成長才會相遇。因此，別再強迫自己努力忘掉那個曾經深愛過的人，或者對他心懷怨恨；不如試著換個角度，由衷地感謝那個人吧。是他使你更加了解自己，知道自己的內心缺乏什麼，才能夠把那些部分自行填補起來。

一、 試著寫下最近使你感到心裡受傷的事情。

二、 對方和我的衝突關鍵是什麼？

三、 寫下對方想要的關係（距離）與我想要的關係（距離）。

四、 在那段關係裡，我所缺乏的內心需求是什麼？（想要彌補哪一方面的心靈空缺？）

適當的距離

無論如何，
我們都還是需要朋友

我們之所以孤單，是因為會傾聽我們的那位「關鍵人物」不在身旁的緣故。當然，只要是人，任誰都會有孤單的時刻。如果想要擺脫這份孤單感，就必須有一位非常了解我們內心想法、願意釋出身旁那個位子的人，我們的生命中都需要有一個這樣的人。

———摘自本書作者金素媛的《媽媽偶爾也需要媽媽》
（엄마도 가끔은 엄마가 필요해）

漆黑的凌晨時分，一輛車正馳騁在市中心大馬路上，車子裡坐著兩名男子，一名是享受速度快感的健壯黑人，另一名是滿臉厭世的中年白人，這時，警察已經盯上了違規超速的他們，開始展開追逐。然而，坐在駕駛座的黑人依舊不為所動，接受著警察的「護衛」，在大街上一路狂飆，甚至隨著喧鬧的音樂節奏點頭晃腦，盡情享受馳騁的快感。

電影《逆轉人生》（*Intouchables*）講述了全身癱瘓的白人富豪遇上有犯罪前科、身無分文的黑人男子，兩人之間激盪出的特殊友誼。擁有專機、專屬機師和多輛名車的富豪菲利普，在一次意外事故中失去了頸部以下所有知覺，就連心愛的太太也離他而去，令頓失人生意義的他，

渾渾噩噩地虛度光陰。後來，他開始徵求一名可以當他手腳的助理，但是每一位助理都受不了他古怪的性格，做不到兩個月便主動離職。

　　某天，有著前科的黑人青年德里斯，為了領生活津貼而前往菲利普家中面試助理一職。雖然他說話直接，還有一點無厘頭，但是他對待菲利普的態度和一般人沒兩樣，不會用充滿同情的眼神看著菲利普，也不特別迎合、取悅他，反而對他直來直往，這點正好打動了菲利普的心。

「他會使我忘記自己是一名身障人士的事實，因為他待我就如同對待一般人一樣，沒有差別。」

　　人們看待菲利普的目光與評價他的態度，都使他愈來愈否定自己。不論他走到哪裡，都可以感受到大家在努力迎合他，送上令人尷尬的安慰，或想要給予他特殊待遇。但是菲力普真正想要的，其實是不帶有任何偏見的真心，而德里斯就像個「傲嬌」（看起來不怎麼用心，但其實內心很溫暖）的人一樣，雖然說話粗俗充滿玩笑，卻可以和菲利普真心相通。

　　每個人一生中一定都有過感受到對方是真心在為我著想的經驗，不論那個人是父母、老師，還是同事、朋友。就算不像菲利普那樣全身癱瘓，我們依舊是不完美的個體，不擅於讀書、工作、處理人際關係。

　　當某個人願意接納如此不完美的自己、用溫暖的眼神看著自己

適當的距離

時，我們就不再只是個小人物；因為充滿溫暖的眼神有著一股強而有力的生命力，能使人繼續生存下去，即便對方沒有說出口，也能感受到對方傳遞出「我會永遠陪著你」的訊息，進而使我們內心深處的痛苦與孤單逐一消散。

曾經有段時期，我苦惱過自己身邊怎麼會連一名真正要好的朋友都沒有。回首當時，我對朋友的定義是：當我無聊時可以陪我，或者當我有煩惱時可以傾訴的對象，完全是以自我為中心。我從未關心過他們的憂愁或煩惱；對我而言，朋友只是用來滿足需求的對象。當我用這種心態對待朋友時，對方自然也會有所感受；所以二十世代的我會苦於找不到交心的朋友、備感孤單，也許是再理所當然不過的結果。

直到開始攻讀心理學以後，我的人生才出現了變化。也剛好有機會可以重新學習人際關係這門課，變得能夠理解別人的心理，並感同身受。透過心理諮商，我解決掉自己的內在問題，也變得更愛自己，進而真心為他人著想。

如今，我已經擁有一群別具意義的朋友；我們的背景、年齡、性格都不盡相同，唯有一項共同點：尊重對方既有的樣子，並且真心期盼對方可以變得更好。

當我不再強求對方要配合我的生活方式，而是認可對方時，朋友們開始逐漸對我敞開心房；在此，我想對那些認為「我不需要朋友」而選擇獨來獨往的人說：「朋友是人生中必要的存在。」因為朋友既像一面鏡子，能夠反映出我的想法和模樣，也是我的人生導師。

我們可以透過朋友學習人生、理解人心。但這裡所謂的朋友，不一定要見面才能稱為朋友；只要彼此聊得來、心靈相通，就算是在網路上，也能成為好朋友。重要的是，不再把朋友當作滿足自身需求的一種手段，而是以對等的關係看待彼此。下面這句是我經常對來談者說的話：

「花若盛開，蝴蝶自來，這是千真萬確的事實。」

神奇的是，每一位來談者在進行完諮商以後，人際關係方面都變得比以往順利許多，他們過去可能一直都是自己主動先聯絡別人，後來卻有愈來愈多朋友會主動約見面。

其實我們都絕對有潛力能成為別人的好友，如果你因為周遭沒有一個值得傾訴心底話的好友而感到寂寞孤單，首先要做的事情應該是捫心自問：「我能否成為某人值得傾訴心底話的對象？」試著先對周遭友人釋出溫暖的關心吧，當你擁抱對方的不完美、傳遞自己的真心時，嶄新的一段關係將重新開啟。

CHAPTER 2

》》

第 2 章

與身邊過從甚密的人
保持適當距離

世界上
最不自在的親密感

　　三十四歲的鄭恩小姐，每天下班返家路上都會感到心裡難受。工作一整天下來，面對那麼多人已經夠令她身心俱疲了，她只想趕快回家好好休息；但是只要一想到走進家門後還要聽父母的叨唸，就會使她萬念俱灰。尤其當父母說著身邊的朋友都已經抱孫、女婿贊助海外旅遊等這些話，所受到的嘮叨更是達到巔峰的一天。

　　鄭恩小姐一天會在腦海裡閃過無數次想要搬出去自己住的念頭，她唯一的心願就是可以回到家好好放鬆，但她心知肚明，要對觀念較為保守的父母開這個口並不容易，雖然結婚是搬出去住的唯一方法，但這也不是想要就能馬上辦到的。猶記鄭恩小姐第一次來找我接受諮商時，她對我說過的話：

「諮商師，為什麼和我關係最親密的人，反而最讓我不自在？家人本來就是這樣的嗎？」

　　其實會來找我做心理諮商的人，有些是因自我認同問題而來，但絕大部分都是像鄭恩小姐一樣為人際關係所苦（其實自我認同問題也是

因他人而起），其中最具代表性的有：親子或伴侶之間的溝通問題、與另一半維繫情感的問題、與職場主管的衝突，或是與父母的意見對立所產生的憂鬱、不安、憤怒、無奈等。

　　每個人的心理症狀都不盡相同，但都有一項共同原因：真正傷害他們的人，反而是和自己關係最親密的。也許我們到躺進棺材前，都會一直在親密關係中給彼此壓力，為什麼明明應該要給予更多鼓勵、珍惜疼愛彼此的人際關係（包括家人、同事、戀人），都要如此折磨我們？

　　其實很多人會誤以為，自己想要的東西對方也會想要，要是發現自己喜歡的餐廳，就會不顧對方意願，直接把對方帶去用餐；外出旅行時也是，為了把自己喜歡的景點統統都去一遍，導致行程變得非常緊湊，使旅伴體力透支、精神不濟，但說不定旅伴其實只想要來一趟優閒隨興的旅行。

　　如果不知道對方的偏好或意願，其實只要詢問對方即可。但對於許多人來說，可能還不是很習慣詢問對方的「意願」，尤其面對親密的人，更容易省略掉「詢問」的過程，這往往是因為自認彼此已經非常熟識，或者懷有對方已經屬於自己的錯誤認知；若是面對不怎麼熟識的人，大家反而容易詢問其意願，也是因為要保持禮貌，或者還不曉得對方喜好的關係。

　　然而，這種錯誤的觀念在人際關係中是很危險的想法。因為就算再要好的朋友、家人、戀人，每個人都有各自的偏好，你不可能全部瞭若指掌；人們的想法、人生價值觀都不同，就算再怎麼親密，我們也不

可以強求對方一定要接受我的信念。

我們到底從什麼時候開始認為，只要是親密關係，就一定對彼此全然了解？更何況，對一個人全然了解是有可能的事情嗎？

　　每次要開始進行諮商前，我都會安靜地等待來談者，這是一種屬於自己的儀式。在這段保持靜默的期間，我會不斷在心中反覆默唸一個訊息：「我不認識你。」也許有人會認為我不夠盡責，諮商師怎麼能對來談者一無所知，但我反覆默唸的「I don't know you」，除了代表著「我不認識你」以外，還帶有「我想要了解你更多」的意思。

　　當我們認為自己已經了解某件事情時，大腦就會下意識地想要做出判斷，也就不再保有好奇心；同樣的道理，要是認為自己已經摸透對方，就會用自己的方式理解、對待那個人，而且這裡所指的對方，包含另一半、子女、戀人，所以在面對最親密的人時，才會放任自己不再提問、肆意對待。而這也是為什麼最親密的關係往往最令人困擾的原因，就算不是出於故意，也會在不自覺的狀態下持續傷害彼此。這樣的錯誤認知會阻礙雙方擁有圓滑順暢的溝通，最終甚至會變成停止溝通。

　　雖然很多時候，我也會對自己耳提面命：「不可以這樣。」但還是不免會在未經丈夫和子女的詢問下擅自做判斷，用「既然是一家人，他們一定可以體諒我」的傲慢態度阻絕溝通。要是能一次徹底改

掉這種行為就好了，但這種思維必須透過不斷的自我提醒與努力，才有辦法改善。

　　文章一開始提到的鄭恩小姐其父母，雖然是出於好意，希望女兒可以找到一名好伴侶，過上幸福美好的日子，所以才會叨唸不休；但是如果這樣的舉動已經造成女兒心理上的壓力，那麼就等於是將自己的想法強加在女兒身上。

如果真心愛對方、想要為對方好，就必須觀察對方、對他保持好奇才行。

　　所謂親密，其實並不是代表要擁有一樣的品味、一樣的思維，而是即使彼此保有各自的不同，兩人之間的關係也十分緊密、相近。我們不能讓親密的關係變成不舒服的關係，如果想要維持親密感，就必須懂得尊重對方的品味與思維。當對方感受到你對他的尊重時，對方也勢必會予以尊重。

畢竟你我都是
今生第一次

「就算以前見過大海，今天看到的這片大海依然是第一次；就算是都了解、都做過的事，每個瞬間、與那個人所做的一切，依然是第一次。就像我們結婚、在車站接吻一樣。過了那瞬間之後發生的事，我認為都不是誰的錯，就只是自然變成那樣而已，這就好比在那當中的一些片段會流逝，一些片段會粉碎一樣，所以別太擔心。即便活過昨天，也不表示全然了解今天。」

—— 摘自韓劇《今生是第一次》（이번 생은 처음이라）

婚前，我幻想的三十世代人生，是成為才貌兼具、事業有成的女人，與此同時，也是一名賢慧的妻子、慈愛的母親，賺著不愁吃穿的薪水，住在裝潢漂亮的房子裡，每天可以躲在溫馨的書房裡閱讀，享受平凡安逸的日常。我幻想著先生出門上班前，要先沖一杯咖啡給他，再端出一盤精心擺盤過的歐式早餐。

然而，如今已經結婚第八年[1]，身為育有一名五歲兒子的職業婦

1：以原文書出版年份（2018年）為標準。

女，我過著截然不同於婚前滿懷憧憬的婚姻生活。先生準備去上班時，不僅沒有目送他出門，還因為太過疲累而躺在床上閉著眼睛對他說「掰」，甚至連好好餵孩子吃一頓早餐的時間都沒有，經常是把冷凍庫裡的年糕拿出來加熱，或者蒸一些地瓜隨便餵飽孩子，再急忙把他抱上學校的娃娃車送去幼兒園。抵達研究中心以後，先確認一下郵件信箱，然後就要開始準備當天排定的諮商行程。

每到下午五點鐘，我就會強迫自己停止工作，思考晚餐要吃什麼，然後到住家附近的超市採買幾樣小菜，再去幼兒園接孩子放學，正式開啟「媽媽模式」。然而，我往往是力不從心，身體就像醃過的蔥泡菜一樣癱軟無力，為了讓自己喘口氣、休息一下，我坐在餐桌前喝著冰開水。放眼望去，客廳裡積著成山成堆的待洗衣物、孩子的玩具和書本，還有不曉得積在角落裡多久的厚灰塵正等著我去清理，但我還是選擇了刻意忽視。

「其他媽媽都能兼顧得很好，為什麼只有我覺得好累呢？」

我的自責感和罪惡感突然排山倒海而來，感覺好像只有我很差勁、不如別人，內心更是痛苦萬分。然而在那當下，心中湧現的願望卻還是最不加掩飾的──希望先生可以在外自行吃完晚餐，早點回來幫孩子洗澡、陪孩子玩。自從有了小孩以後我才知道，原來自己是個自私又有很多事情做不好的人。猶記得一名七十多歲的女演

員曾經說過一段話：

「就算上了年紀，依然不懂人生，因為今生對我來說也是第一次，難免會有遺憾，也難免會有傷痛，畢竟計畫總是趕不上變化。」

　　即使是七十多歲的她，每天睜開眼睛迎來的「今天」依然是「全新的第一次」，所以人生在世，自然是一件不容易的事，就更別說二、三十世代了。徬徨無助、對凡事不甚熟稔都是再理所當然不過的，我們卻對自己太過苛責。自幼我們就一直生長在重視結果更勝過程的社會中，應試教育（又稱填鴨式教育）體制也引導我們走向成就導向型人生，我們失去了過程中所感受到的快樂，反而將身邊的朋友、同事視為勁敵，為了比別人爬得更高、多一份成就而汲汲營營。

　　然而，任何東西只要不斷往上堆疊，總會有承受不了重量而崩塌的時候，就算是看似穩固的積木，也會因某人經過時不小心碰到而傾倒毀損；因此，不停向上的人生也可能一朝崩落。

　　每當兒子在玩積木時，要是遇到組不起來的情況，都會使他氣得暴跳如雷，而我總是勸他：「沒有關係，再重新組一次就好了。」那麼兒子就會試著按捺住內心怒火，重新挑戰一次，有時候會順利組好，有時依舊組不起來，但是可以看出他開始懂得慢慢調整自己的情緒，我希望可以藉此機會讓他知道，就算失敗也不代表結束，失敗只是過程之一而已。

然而，我們可以一派輕鬆地對孩子說「沒有關係」，面對自己的人生卻很難如此灑脫，不論工作、帶小孩，甚至是旅行，「要做好」的強迫觀念總是糾纏著我，彷彿有一名權威者在我頭上下指導棋一樣，不停督促著我一定要做得更好，不能有所怠慢，要得到他人的認可才行。

由此可見，控制個人行為與思維的「超我」（Superego），會使人嚴格要求自我，從小根深柢固的超我並不容易改變，因為早在很久以前就已經變成了我們的性格。

若要擺脫這種完美主義、成就主義，就勢必得像看待心愛的寶貝一樣，擁抱不成熟、不足、不熟練的自己；那個不被父母接納的「差勁的我」，要由已經長大成人的我來撫慰，才能夠從一直折磨自己的情感（自責感、罪惡感、無力感、自卑感）中重獲自由。這是培養高自尊感的開始，也是與自身和解的第一步。

我們都不擅於安排人生，對自己也不甚了解。所以不妨把人生當成是一步一步慢慢了解、好好享受的課業，用輕鬆的心態去面對，而非一定要完美達成。當你用逐漸了解自己的樂趣去享受人生時，便能如實感受到當下來臨的幸福。

適當的距離

明明說愛我，
為何卻要這樣對我？

　　二十七歲的尹靜，是一名任職於大企業的上班族，她長期飽受職場人際關係壓力所苦，於是前來找我諮商。她抱怨著與她同期入社的新進員工都和前輩們相處融洽，只有自己覺得和前輩們相處起來很不自在，整日擔心在前輩們心中的評價會不會很差。她的「前輩恐懼症」在初入公司兩年後依舊不見改善，甚至演變成去留問題，煩惱著到底該選擇離職，還是硬著頭皮在這好不容易面試上的公司繼續上班。

　　尹靜的症狀是焦慮和憂鬱，每當她準備接受主管或前輩的考核時，她的焦慮指數就會瞬間爆表，只要耳聞一點點負面評價，便會陷入嚴重憂鬱。她為了得到正面評價總是孤軍奮戰，碰到重要的專案時，甚至會不眠不休把專案做好。對她來說，最重要的是得到前輩們的稱讚及認可，如果已經很努力卻還是得到負面評價，就會覺得自己廢得跟蟲沒兩樣，想要逃避現實。

　　為期六個月的諮商過程中，每當她回憶起自己的遭遇時，都像個等待被檢查作業的孩子，用顫抖的聲音向我傾訴，後來我們針對反覆出現的主題——總是擔心主管或前輩對她的評價，談了許多有關她病理性執著於認可的問題，經過幾次諮商之後，終於找出真正的原因，原來她

內心深處的擔憂，是源自於她的母親。

她的母親是屬於會願意為孩子犧牲奉獻、隨時待命的類型，儘管女兒已經出社會工作、經濟也已獨立，但只要女兒有需要人幫忙的地方，或者遭遇困難，她就會立刻跳出來當女兒安穩的後盾。尹靜對於自己有這樣的母親總是感到安心可靠，所以每天都會把在公司裡遭受到的壓力、是否該離職的煩惱等，一一說出來與母親討論。她的手機聯絡人快捷鍵一號永遠設定為母親，母親也是她能夠擺脫掉職場焦慮與擔憂的唯一管道。她雖然生理上已經是一名成人，心理上卻還是個不折不扣的七歲小女孩。

尹靜從小就集父母寵愛於一身，相較於極其平凡、在任何領域都不是很出色的姊姊，尹靜是從國小就在每一項科目中都名列前茅的好學生，永遠被貼著乖巧懂事的標籤。在未成年以前，她十分膽小，總是聽從母親的指示，努力迎合她的期待；她的母親也總是向人炫耀自己的女兒多麼乖巧又優秀，在面對無能的老公和艱困的家境時，女兒是她唯一能拿來捍衛自己的希望。

原來，尹靜在諮商室裡向我傾訴的那些擔憂——擔心主管評價，以及內心一直渴望得到認可的症狀，皆起因於她過去的成長背景。從小到大，她一直都在迎合母親，只為了不被母親遺棄、得到母親的愛。為了成為母親心目中的乖小孩，她必須先察覺、滿足母親的需求和情感，而非傾聽自己內心的真實需求。於是漸漸地，她的內心只要浮現一些需求，就會自動將它認知為不該有的情感，強迫自己壓抑或者迴避，因為

她心知肚明，那些內心需求大多與母親的期望背道而馳。

尹靜的心裡彷彿還住著一名害怕被母親評價、監視的小女孩，要是不當個乖小孩，就會被懲罰、被遺棄，那樣的陰影揮之不去，一直常駐在她內心深處，儘管已經長大成人，心中的那名小女孩還是沒有消失不見。一旦在戀愛中、職場上遇見上位者，就會在潛意識裡將對方視同為「母親」，把小時候對重要對象的情感和想法，轉移至長大後遇見的對象，這樣的現象在精神分析領域叫作「移情」，尹靜之所以如此在乎上位者的評價、得到負面評價時甚至會把自己視為一無是處的蟲子，也是因為移情作用反覆上演所致。

她在接受諮商的過程中，一直都很氣自己的母親，雖然很想擺脫掉原生家庭，但這樣的念頭又促使她加倍痛苦，因為她認為母親為了她而放棄自己的人生、犧牲奉獻一輩子，如今卻換來不孝的女兒想要將她一把推開，她對於這樣的自己感到十分罪惡、自私；但是心中那名已經成年的尹靜，卻又渴望離開母親、徹底獨立。

尹靜的案例其實在心理諮商領域很常見。許多人會像尹靜一樣，在扮演多重角色時，發現有一部分的心理沒有辦法正常運作而尋求諮商師的協助，她所體驗到的內心矛盾，是因「別人期待的自己」和「我想成為的自己」產生衝突所引發。

她為了得到最具意義的他人（母親）的疼愛，避免被遺棄，進而創造出「母親想要的我」，亦即「假我」（False Self），並刻意忽略原本的「真我」（True Self）。英國精神分析學家唐諾・溫尼考特（Donald

Winnicott）就曾表示，如果一直用這種假我過生活，久而久之，會愈來愈不曉得自己真正要什麼，甚至連自己是誰都不清楚。

當我進行諮商時，天天都會遇見像這樣深受真我與假我困擾的人，甚至只要是心理感到不適的人，十之八九都是因這個問題而來。在韓國特有的位階文化裡，要是沒有遵照上頭的指示去做，就很可能會惹來不必要的麻煩，因此往往會使人壓抑內心自然產生的需求及情感，並且認為這是「不該有的感受」。而當這樣的情況反覆上演時，就會變得不曉得自己想做什麼、喜歡什麼、內心有何感受，少了自我主見，自然就會隨波逐流，對做決定感到困難。即便是很小的事情，也會希望別人可以替自己做決定，也就是面臨所謂的「選擇障礙」。

根據我研究人心多年所領略到的心得是：「改變」，其實是脫去一層層他人賦予的假我，尋找真我的一段過程。人類要是一直沒有辦法做自己，就會罹患憂鬱或焦慮等心理疾病。最近心靈勵志類的書籍在市場上經常以「自己的人生」、「做自己」為標語；然而，做自己的前提是要先了解自己，這在過度壓抑個人情感與需求的社會裡，反而不是一件容易的事情。

我相信尹靜的母親一定也不是為了阻止女兒在心理上獨立而過度保護她，反而有可能是不自覺地將夫妻關係未解的情感與挫折，投射在女兒身上；其實她們母女倆需要的是情緒獨立及對自我的理解──理解自己不自覺重複進行的舉動，並察覺出那些舉動裡隱藏的情感與需求。

不妨把「了解自我的時間」作為禮物，送給最親密的家人，以及最不熟悉的自己，如何？

所謂「改變」，並不是指徹底變成截然不同的樣子，而是將過去身穿的層層鎧甲脫去，回到最原始自己的過程。

一、 為了博取他人的認可，我做過哪些誇張的舉動或如何裝扮自己？

二、 假設身邊的人都絕對會喜歡我原本既有的樣子，那麼，我的行為和
　　 性格會和現在有何不同？

只要有一個人願意聽我說

「你為什麼這麼難過？」

「沒什麼。唉！真的沒什麼。」

「沒什麼嗎？」

「對啊！我的確很難過，因為我的貓咪不見了。」

　　小事很難過，因為他最心愛的貓咪走失了。他走在路上尋找貓咪的過程中，遇見了好多人和動物，有遺失全身家當的牛仔，還有鼻梁被打斷、腳也受了傷的烏鴉小姐，以及失去國家的男子，他們都認為小事的貓咪不見了，只不過是一件芝麻蒜皮的小事，根本不需要難過，所以沒有人願意傾聽小事的故事。當小事發現原來世界上有人有更大的煩惱時，他開始覺得自己好渺小，因為相形之下，自己的煩惱顯得微不足道，但他還是為了貓咪不見而感到難過。

　　小事走著走著，不知不覺走到了北極，他的身體和心理比任何時候都還要覺得寒冷，這時，路過的一隻小狗前來關心小事。小狗問：「你為什麼這麼難過？」小事這才終於說出了自己的煩惱：「我的貓咪不見了，我很難過，但世界上有太多比這更令人難過的事情，所以我沒辦法說出口。」小狗蹲坐在他身旁，用充滿關心的眼神看著小事，告訴他：

「世界上的確有太多令人難過的事情，但是不要緊，再跟我說一次貓咪的事吧。」

　　小事的內心彷彿被暖爐烘烤過一樣覺得溫暖，最後，他終於對小狗說出了貓咪的故事。這是一本由比利時兒童繪本作家安‧艾珀（Anne Herbauts）所寫的著作《重要的小事》（*Broutille*，小熊出版，2018），故事主角小事想要找個人傾訴自己失去貓咪的傷痛，尋求安慰，但是沒有人願意聆聽他的故事，因為大家都覺得小事的煩惱微不足道，這樣的情形在我們現實生活中隨處可見。

　　前來找我接受諮商的人當中，不乏有像小事這種人，內心有苦難言，卻因為擔心說出來會被周遭人認為是小事而難以啟齒；比方說，被育兒問題搞得心力交瘁的母親，原本想尋求一些安慰，得到的卻是「妳要是跟三個孩子的我相比，就會發現這些煩惱真的都還好，至少妳的老公願意幫忙，我老公還天天加班呢，更何況你們還有間不錯的房子，已經嫁得很好了，沒什麼好辛苦的」這樣的反應，就會使人變得畏縮，不敢再吐露內心煩憂。

　　一旦聽聞身旁的人說這種話時，就會暗自心想：「我是不是在為一件不足掛齒的小事煩心？連這點小事都扛不住，是不是我太懦弱？比我辛苦的人明明多的是⋯⋯」將自己的煩惱視為不該出現的情感，甚至埋藏在內心深處。

　　那份被壓抑的情感並不會就此消失不見，反而在心底日漸膨脹，

適當的距離

明明只是一件小事也會瞬間暴怒，藉此發洩那份壓抑已久的心情。憤怒調節障礙就是因為沒有把湧上心頭的無數種情感正確處理掉，而不斷積累在心裡，最終就會以難以控制的「憤怒」情緒顯現，這是目前現代人最常見的心理疾病（病理學上稱「間歇性爆怒障礙」）。

　　如果身邊至少有一個人願意聽我說話，那麼就算內心情感錯綜複雜，依然可以透過對話，讓心中那些情感如流水般自然釋放；但要是身邊沒有這種可以談心的人，那些情感就會不斷累積在心中，使自己變得迷惘混亂。我們的內心要有餘裕，才能感受幸福、感恩。在混亂的狀態下，要能感受到正面情感是很困難的，而且憂鬱或焦慮的感覺，往往也是趁這時入侵我們的心裡。

　　前來接受心理諮商的人中，多數是因為找不到那位可以訴說內心感受的關鍵人物。當有人願意心懷善意、不帶任何批判地聆聽我的故事時，才有可能敞開心房邁出那一步。但現實問題是，大部分人往往急於批判或給予建言，而非用心聆聽；雖然有些建議確實有用，有些時候卻也會變成雞婆或自以為是。當我們在聆聽對方發言時，不做任何判斷、單純站在對方的立場思考並不是一件容易的事，為了專心聆聽，需要投入很大的精力，也要暫時放下自己的意見。但是別忘了，對方的心往往是在我們願意單純聆聽時才會敞開，因為光是聆聽這件事，就代表了能夠同理對方的意思。

　　心理學家阿德勒（Alfred Adler）強調，人際關係的目標是「社會興趣」（Social interest），意指原本對自我的關注轉移至他人身上，好奇

別人的需求，並專心聆聽他們的故事。現代人過度專注於「自己」，也很在意自己在其他人心目中的印象及評價。回頭檢視自己、進行自我反省固然是有意義的一件事，但有時候，也會演變成過度檢討自我或以自己為中心的思考模式。

阿德勒建議，可以把投入在自己身上的過多能量，亦即對自我的執著（Self interest）轉移到外部世界，變成對他人的興趣（Social interest），這便是「社會興趣」的概念。

我們每個人都是群居動物，所以不可能獨自生存。然而，就算如今已是人口和資訊爆炸的時代，我們仍舊經歷「團體裡的孤獨」，正是因為缺乏阿德勒所說的社會興趣所致，如果每個人都只在乎眼前的個人利益，只希望自己的家人平安無事、功成名就的話，最終自然會在社會中感到孤立無援，因為社會是由「你與我」這個最小單位組成，逐漸發展成共同體的。一旦我與對方的連結出現斷層，最終，這偌大的共同體就會很難維持在牢不可破的狀態，那麼也就無法保證我與我的家人能享有安居樂業的人生。

如果你也正苦於無人可以訴苦、感到寂寞孤單的話，與其忙於尋找值得傾訴的對象，不如先成為某人的聽眾，用心聆聽對方。看著對方的雙眼、對他（她）的故事抱持興趣，切記，真正的關係只有在你敞開心房接納對方時，才真正開始。

適當的距離

一、 試著回想最近身邊有沒有人正處於心理低潮期。

二、 現在就拿起手機，傳訊息關心一下那個人吧！

面對不知為何就是
看他討厭的人

要在人際關係之中不受傷害，基本上是不可能的。一旦踏出與人建立
關係的那一步，就難免會受大大小小的傷，同時也會傷害某些人。
阿德勒說：「要除去所有煩惱，唯有獨自一人存活在宇宙中。」
不過那是不可能的。

——摘自岸見一郎、古賀史健的著作《被討厭的勇氣》

（嫌われる勇気，究竟出版，2014）

　　有時，我們會遇見不知為何就是看他不順眼的人。如果能告訴自
己：「算了，世界上的人本來就有百百種。」看開一點，倒還好，但奇
怪的是，每次只要那個人站在我們面前，所有負能量就會瞬間如洪水般
傾瀉而出，徹底包圍自己，從那個人的一舉一動、說話方式到臉部表
情，都會令人覺得極度礙眼，甚至連對方的長相都看了就討厭。要是聽
聞那個人也會出席某聚會場合，從前一天開始就會變得神經兮兮、過度
操心，到了聚會當天原本好好的腸胃也會突然出毛病，最後只好以身體
不適為由，臨時傳簡訊告知活動主辦人不克前往。我們的身體一旦感知
到心理上的不適，就會像這樣快速啟動下意識的防禦機制。

適當的距離

仔細回想，其實人生中不乏有這種無緣無故就是和自己八字不合的人，究竟為什麼會這樣呢？我透過來談者在接受諮商時所吐露的心聲，找尋到幾條線索，他們通常是在兩種情況下，會沒來由地討厭某人或者對某人產生反感。

　　第一種情況是對方與自己的父母其中一人很像，可能是性格相似，也可能是說話方式、價值觀雷同；第二種情況是從對方身上看見我的人格，而且是我最討厭的那一面。當然，大部分人都不會認知到這一層，只會一味地認為自己對他沒什麼好感，所以才討厭對方。

　　閱讀至此，各位可能會對於上述這兩種情況感到有些訝異，各位不妨試著閉上眼睛，靜靜回想那位使你感到不自在或討厭的人，想想他的表情、長相、說話語氣、口頭禪，再想想當下你所感受到的情緒，然後把那些你討厭他的特徵一一寫在紙上（請參考八十四頁的自我問答頁）。

　　如果你有一些不喜歡卻也不願承認的特質，或者是父母身上有著你所討厭的性格特質，而這些特質剛好出現在對方身上被你發現，你的內心就會產生下意識的焦慮感。比方說，和父母其中一人相處時所感受到的不愉快，會在和這個人相處時重新上演，這在心理學領域叫做「移情」（Transference）。

　　如果你的父母從小就經常批評或檢視你的言談舉止，長大以後面對那種喜歡批判他人或者需要考核別人的人，很可能就會不自覺地先心生畏懼；如果你從小就看不慣爸媽過度節省的性格，長大以後看見這種

人也會感到煩悶、難以相處。但其實對方是無辜的，只是你投射出過去對父母的負面情感罷了。

當對方有著我們想要隱藏的某一面時，也會如此。一個內心充滿自卑的人遇見渾身散發著優越氣息的人，心裡自然會不舒服，一方面是忌妒對方比自己優秀；另一方面是羨慕對方所擁有的能力、財富、榮耀。其實自卑感和優越感是來自同樣的情感，充滿優越感的人在遇見比自己優秀的人時同樣也會感到自卑，那是因為過度展現自我能力的人，多半是自尊感低的人，他們通常也有著非常強烈的自卑感。真正能用平常心看待自己所擁有的一切的人，反而不會想要刻意在別人面前展現出來，不論是學歷、經濟能力，還是外貌。

每個人一定都有自己不滿意的性格或想要隱藏起來的一面，可能是兒時不被父母認可的人格，也可能是不受他人好評的特性。我有一名認識多年的老朋友，曾經在國小時被班上同學排擠，因為同學們認為她很愛現。自此之後，她的性格就變得非常低調、不喜歡展現自己，就算有好事發生仍選擇避而不談，就是因為害怕要是說出去會被人討厭或者換來閒言閒語。每當她看見充滿自信的人時，會感到十分羨慕，但也很訝異自己竟然會不自覺地排斥那種人。

明明想要對人炫耀是再自然不過的心態，她卻將其深埋在潛意識裡，像這樣把不被允許的部分人格埋藏在陰暗處，使它無法正常發揮的狀態，在分析心理學領域稱「陰影」（Shadow）。我們每個人都有各自的陰影，陰影是被壓抑的自我需求，有時也反映著內心深處的渴望。

適當的距離

如果你對某件事情過度輕蔑或批判，那就很有可能與潛意識需求有關。有一句話不是這麼說的嗎？過度的否定即是肯定。

如果你也曾沒來由地討厭一個人，或者每次只要見到對方就會覺得渾身不舒服，那麼不妨先回頭檢視自己的內心，而不是去批判對方。對方如果是不需要經常碰面的人，你可以選擇巧妙迴避，但如果是不得不碰面、要打好關係才能一起合作的人，就必須想出合理的解決方案。抨擊對方可能可以帶來短暫的快感，但絕對不是根本的解決之道。試著在紙上具體寫下對方究竟說了哪句話或哪一項舉動惹你不開心，然後再深入探究到底是對方的問題還是自己的問題。

當你嘗試去了解自己到底對哪一種主題特別敏感、會使你感到怒火中燒的事情究竟是什麼時，就能夠在人際關係中大幅降低不必要的情感消耗。切記，對自己的了解有多深入，人際關係也就會有多順利。

一、 請寫下讓自己感到不舒服的人其姓名。

二、 我是看他（她）哪一個動作不順眼？或者他（她）說的哪一句話聽
　　 起來不悅耳？

三、 父母當中是否有人和他（她）的性格或表達方式很像？

四、 有的話請試著回想，自己為何不喜歡父母的那種性格或表達方式？

適當的距離

五、 我其實想從父母那裡得到什麼？

六、 對方（我所討厭的人）的性格當中，哪一點是我自己也有的？

七、 我為什麼討厭自己有那樣的性格特質？

害死自己的
「乖小孩情節」

別人可能會影響我，
但我也能成為不受別人言語影響的人。

　　前來找我接受心理諮商的人都有一個共同點，他們大部分都太「善良」，所以容易在人際關係裡受傷、感到煎熬。就如同某本書的書名叫做《壞的人是你，痛的人是我》（나쁜 건 넌데 아픈 건 나야）一樣，明明自己從來不去傷害人，只是安守本分地過日子，內心受傷的卻總是自己。這些人的心裡有著許多怨氣、憤怒、悲傷及失落。

　　自幼父母總是教我們：要與人為善，腳踏實地過日子。但是出了社會以後卻發現，只顧著爭取自我利益的人，反而活得更理直氣壯，他們不僅在工作上表現優秀，甚至就連人際關係也處理得相當好，深受主管青睞。我們踏入職場一段時間後會發現，原來社會中有很多事情和小時候所學的觀念是背道而馳的，於是內心開始產生混亂，你可能會暗自下定決心，不再當個乖乖牌，也要積極爭取屬於自己的東西。

　　但是儘管如此下定決心，要在社會上打滾依舊不容易，因為世界上充斥著自私自利的人，而且還遠遠超出我們想像，要能對抗那些人，

適當的距離

自己的內心似乎也還不夠強大堅定。也許是因為在外已經消耗掉過多的情感所致，回到家只會對無辜的家人發脾氣，或者把家人當出氣筒。這些被社會磨得心力交瘁的人對我說：

「諮商師，我已經不曉得到底什麼才是對的了。」

當長年來支撐自己的價值觀產生動搖時，人類會經歷自我認同危機；當發現過去一直認為對的事情原來是錯的，或者要重新接納新價值觀時，我們的內心會經歷一陣騷動，這種騷動往往起因於人際關係。

慶熙小姐長年飽受「乖小孩情節」所苦。小時候，她的父親總是對她耳提面命：一定要親切待人、樂於分享。她的父親雖然對家人有所疏忽，對朋友、鄰居卻是出手闊氣，每個週末都會準備豐盛食物，邀請街坊鄰居來家中作客。因此，慶熙小姐從小就經常幫忙母親準備食物，洗碗也總是由她負責。父親深受朋友們的喜愛，大家都公認他是個親切爽朗的人。

也許正因為如此，慶熙小姐在耳濡目染之下，從國小就展現出父親的性格特質，整天忙著照料班上的同學，要是有同學臨時不能帶便當，她就會多準備一份便當給同學；要是有同學因打輸電動而感到沮喪，她就會刻意放水讓對方獲勝，展現著過於成熟的舉動。她總是努力當個乖小孩，不讓別人因自己而有一絲不快。

然而，自從慶熙小姐長大成人踏入職場以後，這樣的特質反而害

慘了她，因為同事開始利用她乖巧的性格，把工作一件一件丟包給她。一開始慶熙小姐還基於好意接手幫忙，沒想到久而久之，工作量竟變成原本的十倍之多，甚至就連家中有祭拜的日子，也因無法拒絕主管的請託而加班到凌晨。

慶熙小姐來找我諮商是在她身體因長期熬夜導致健康亮紅燈、不得不選擇暫停工作的時候；她明明才二十好幾，正值花樣年華，臉上卻毫無朝氣，肩膀也是垂著的。她的「乖小孩情節」在接受諮商時也在無意間顯露出來，可以明顯看見她試圖想要努力迎合我的期待，甚至在需要面對真我時，也一直不停取悅他人。我看著她如此煞費苦心，實在感到心疼。

「感覺妳一定很孤單，因為妳一直都在為他人著想，反而很少有機會能為自己著想。」

當諮商進行到中半段的時候，我對慶熙小姐說出了我的想法，聽我這麼一說，她終於忍不住情緒潰堤。因為被我這麼一說，她才終於意識到自己總是忙著照料他人，卻沒能善待自己。雖然她在別人眼裡是個大好人，但她對自己卻是無比苛刻，從不關心自己想做什麼、不想做什麼，自然流露的情感也會被她視為「不該存在的情感」。對別人釋出善意的行為，使她變得更專注於「該做的事」，進而一直忽略她自己真正「想做的事」，她甚至認為，為自己著想、節省的行為，都是自私的表現。

適當的距離

在瓊・魯賓・德烏謙（Joan Rubin-Deutsch）的著作《乖小孩情節》（*Why Can't I Ever Be Good Enough?*）一書中就有提及，每個人在兒時都會為了取得父母的愛與認同，在心中暗自期許將來長大要成為「什麼樣的人」，並且朝那個目標邁進。而通常自己想要成為的那個模樣，是透過父母的語言或非語言訊息形成。以慶熙小姐為例，她就是為了達成父親對她的期許——當個待人親切有禮的人，所以壓抑自身需求，只為成為一名「乖小孩」。當然，這是在下意識的情況下所做的行為，但是隨著踏入職場，過去她對自己的內在期許也逐漸產生動搖。

慶熙小姐已經來我這裡接受了六個月的諮商，我們的諮商目標是「善待自己」，先從正視自然產生的內心需求和情感開始，例如：專注在自己想吃什麼、討厭做什麼事情等，並嘗試實踐。未來慶熙小姐會愈來愈能夠認知自己長期忽略的內心需求，然後逐一實踐滿足。藉由這種行動可以使她親身體會到，原來那些想法並非自私，而是尊重自我的一種表現。

世人可以對我妄加評論，畢竟嘴巴長在他們臉上，我們無法控制或堵住每一張嘴，但是我們可以成為不受他們言語影響或受傷的人。如果自己認為的「善舉」沒有為彼此帶來良好的結果，那麼我們就應該暫時停下腳步思考，做出這樣的善舉究竟是否正確，幫助對方有沒有使我自己感到幸福？

藉由犧牲自我來善待他人，並不是有情有義的舉動。如果你一定要為別人做點事情心裡才會舒服的話，那麼你現在最該做的事情是先把

肩上的那些操心擔子一一放下，把長年以來束縛著你的內心自我期許切斷，重拾人生主導權。從今天起，不妨試著對總是優先為他人著想的自己送上一句暖心的安慰，唯有先珍惜疼愛自己，才能與人建立健康良好的關係。

為了讓自己猶如花朵般綻放盛開，
必須接受愛與關心的滋養。

——瓊·魯賓·德烏謙（社會諮商家暨作家）

第 3 章

在複雜的人際關係裡，
保護自我的內心管理方法

我們的內心
也需要套用極簡主義

「啊！」

「老公！快過來一下！這裡有一隻蟲，快幫我抓住牠！」

週末一大清早，我的慘叫聲叫醒了還想繼續睡懶覺的老公。雖然內心對他感到有些抱歉，但我知道就算自己的要求多麼無厘頭，他仍會對家人有求必應，所以我還是狠心地把他從睡夢中叫醒，帶去廁所查看。

廁所裡出現的是一隻指甲般大小的銀白色昆蟲，正在地上蠕動著身體，緩慢爬行，老公輪流看了看我的臉和地上的蟲，一臉無奈地向我伸出手，示意要我拿衛生紙給他。銀白色不知名昆蟲就這樣慘死在我老公手下，連垂死掙扎的機會都沒有。我不好意思地看著老公，說了聲「抱歉」，便一溜煙地逃去了客廳。

自從看見那隻生平從未見過的銀白色昆蟲以後，我就開始渾身不對勁（我有「昆蟲恐懼症」，只要看見昆蟲，就會覺得全身奇癢無比，就算碰到極小刺激，也會過度驚嚇），然後馬上用手機上網搜尋關鍵字：

銀白色昆蟲

結果一按下搜尋鍵，便出現無數張「銀白色昆蟲」照，然後發現相關關鍵字有「灰衣魚」，原來我在廁所裡看見的那隻昆蟲，就是傳說中的灰衣魚，網路上出現的那些照片，和我在廁所裡看到的那隻小蟲簡直一模一樣。

　　結果原本打算週末一早出門去咖啡廳裡寫作的我，直接取消當天所有行程，只為進行「灰衣魚退散作業」。其實出現灰衣魚的主臥房廁所，是被我拿來當作臨時倉庫使用的空間，裡面堆著小朋友穿不下的衣物、鞋子、亂七八糟的文件，還有一捆又一捆的書籍，簡直就像我們家的「黑洞」一樣。不過仔細回想，那個空間也被我當作倉庫使用了兩年，卻從來沒有幫它好好換過氣，所以我應該要感到慶幸，好險只有出現一隻小小的灰衣魚，而不是可怕的大蟑螂或老鼠。也發現原來我一直以心理諮商、寫作、演講等工作忙碌為由，把本該是最舒適、安逸的住家，搞成了昆蟲孳生的洞窟。

　　自從家裡有昆蟲出沒以後，我和老公開始大掃除，把三年來從未用過的物品統統丟掉，從未穿過的衣服也全部扔進舊衣回收箱裡，孩子們再也不會玩的玩具和書籍都裝箱打包，然後再打開家裡的每一個抽屜，把一堆不用的收據、各種過期的累積點數卡和禮券、湊不成一對的飾品等，全數丟進一百公升大的專用垃圾袋裡，再把已經好幾年沒用卻一直放在廚房裡的家電用品搬去玄關準備回收，早已忘記何時用過的醬料桶和過期的存糧等，也都整理好一併丟掉。

　　最後，是我們家的那個黑洞，我把主臥房廁所裡那些成堆的衣服

和書籍全部搬到資源回收箱裡，打掃過程中也發現兩、三隻灰衣魚，我噴了殺蟲劑向牠們道別，希望以後永遠不要再見。

　　徹底消滅灰衣魚的大掃除作戰計畫，整整花了我們十二小時才宣告結束。家裡也頓時變得十分寬敞，多出好多不曾見過的空間，原本被用來當作倉庫使用的主臥房廁所，也回歸了原本的空間樣貌。廚房裡原本塞滿著不必要的用品，如今也煥然一新變得整齊乾淨；本來根本關不起來的衣櫥，也只剩下真正需要的衣服掛在裡面，井然有序。

我終於發現，原來我們家很寬敞，清空了物品以後才終於看見「空間」。

　　結婚七年以來，我們只有不停添購新物品，很少丟棄既有的東西。很多東西都是採買當下覺得需要，隔一段時間又覺得不是很需要，久而久之，原本應該要被最珍貴物品填滿的空間，反而被一件又一件髒亂老舊的垃圾占據。

　　多虧不速之客灰衣魚，讓我切身體會到「清空」是一件多麼重要的事情。我們的心裡一定也有許多應該要清理的垃圾，如果一直沒去整理，垃圾就會愈積愈多，每天帶著沉重複雜的心情過生活。而堆積雜物的空間還很容易發霉生蟲，我們的內心又何嘗不是？

　　就如同清空物品之後會多出空間一樣，我們的心亦是如此，如果有太多事情盤踞在心裡，就不會有太多的餘裕，就算想要擁抱美好事

物，也會因內心空間不足而容納不下，更何況要是心裡積累許多不必要的事物，也會使我們變得脆弱、生病，好比當作倉庫使用的廁所會被灰衣魚占領一樣。

　　我們的內心偶爾也需要來個大掃除，把壓抑自己的想法統統清乾淨，不必要的念頭也全部一掃而空，這樣才有足夠的空間容納新的東西。許多人都只擅長填滿，不懂得清空；但其實要先清空，才會看見空間。就跟呼吸是一樣的道理，不只吸氣重要，吐氣也很重要；要先懂得斷捨離，你的內心才有足夠的空間讓新東西進來。

一、 請寫下人生中需要丟掉（或需要整理）的事物清單。

甲） 空間（物品）：

乙） 人際關係：

丙） 生活習慣：

丁） 想法：

我們現在需要的
是親切的沉默

與其表達不清，不如保持沉默。

———瑞典俚語

　　智英小姐是一位很享受獨處時光的人，她平日不太會與人見面，反而喜歡自己一個人去逛 Outlet 和百貨公司，只要有店員上前向她搭話，或者眼神緊盯著她的一舉一動，就會使她備感壓力，感覺很像是在強迫推銷，逛得很不自在。

　　她也曾經聽完店員的親切解說以後，感覺好像不買會很尷尬，於是硬著頭皮買了不是很想買的東西。內向的性格加上不能造成別人困擾的強烈信念，使她在逛實體商店時經常感到渾身不自在，於是只好轉戰網路購物。但是鞋子、化妝品等商品往往需要親自試穿或試用過，才能準確判斷是否要購買，所以在購買這類型的商品時，她還是只能勉為其難去實體商店購物。

　　近來有愈來愈多人像智英小姐一樣，深受店員過度親切的服務所困擾，所以韓國開始有店家導入「沉默服務」。這是從一間化妝品公司開始推行的服務模式，他們在店門口放置兩種不同顏色的購物籃，一種

適當的距離

是「需要店員服務」的購物籃，另一種是「只想獨自逛逛」的購物籃。當客人提著「只想獨自逛逛」的購物籃在店裡閒逛時，店員就會一眼認出這名顧客不希望被打擾，就不會上前打招呼或提供解說、推銷等服務。有些人可能會感到訝異，怎麼有店家做生意卻完全不招呼客人，但其實對於只想獨自逛逛的人來說，這種服務反而是一種體貼。

不只是化妝用品店，就連計程車也有提供沉默服務。一間總部位於日本東京的計程車公司，從 2017 年起推出「沉默計程車」的試營運服務，這間沉默計程車公司的司機，只有在詢問目的地、結帳、客人主動提問時才會說話，其餘搭乘時間都會以保持沉默為原則；這對於上車只想好好休息、不想被司機打擾的乘客來說，自然是再好不過的消息。

其實到頭來，我們都活在就算不願意也要聽別人說話、回答對方問題的社會裡，要是沉默不語，就會被人批評高傲冷漠，或者被誤認為是缺乏社交能力的人。有些人甚至會為了避免被誤以為是這種人，而刻意在別人面前話說個沒完。以我個人為例，我本身也不是屬於話多的類型，所以在職場上，難免會遇到一些困難，比方說，我會刻意比平時說更多話，免得對方覺得空氣凝結很不自在，要是碰上實在不想說話的日子，就會乾脆減少與人互動，讓自己一個人獨處。

每個人的生活方式其實都不盡相同，所以有時自認是為對方著想的行為，也可能是一點也不被感謝的雞婆。大部分人遇到這種情況會難掩失落，畢竟用心為對方著想，卻得不到一句感謝。然而，有時候關心

對方、經常打電話問候，對對方來說，不見得是最好的陪伴方式，有些人反而喜歡別人不發一語地默默陪伴，這樣反而會使他心懷感謝；不論是親子關係、戀人關係，還是朋友關係都一樣。

曾經有一名二十幾歲的未婚女性前來找我諮商，她說她每次只要和男友吵架，都會很難承受兩人冷戰的那段期間；相反的，男性碰上與伴侶起衝突的情況時，則往往喜歡選擇躲進一個人的世界裡享受獨處（當然，並不是每一位男性都是如此）。像這樣的行為有可能是為了逃避現況所產生的暫時性迴避防禦機制，也可能是基於讓雙方都沉澱一段時間會比較好而做出的判斷。當男人愈想要躲進自己的世界裡，女人的心愈是心急如焚。女人希望可以透過溝通解決問題，男人則想要逃避渾身不自在的現場，先逃再說。所以打從娘胎一出生就是徹底不同生物的男人與女人，自然會爭吵不休，除非雙方都能試著努力去理解彼此。

然而，一味的沉默也並非絕對正確，因為在一段關係裡，溝通和沉默一樣重要。我只是想強調體貼對方的行為中，千萬別忘了還有「親切的沉默」這個選項罷了，因為親切的沉默並非閉口不答，而是一種能力，讓自己可以用更客觀的角度觀看自己與對方。我們經常會為了一些芝麻蒜皮小事而起口角、傷感情，夫妻吵架往往也都不是因為事情本身，而是因為有了意見衝突後，在對話過程中口無遮攔、傷害彼此，才會吵得不可開交。

適當的距離

有時候，站在遠處觀望自己身處的情況、情感，反而對彼此的關係都有益處。因此，不妨重新理解並感受一下沉默其實也是語言的另外一種型態，當你不再對沉默感到彆扭，而是懂得與沉默為伍時，方能得到一雙更深入理解自己及對方的慧眼。

能夠享受孤獨這件事

現在的我已經不害怕獨自一人，在這高聳入雲的地方，不見任何人
的蹤影，這樣的事實反而成了支撐我的動力，孤獨對我來說不再意
味著毀滅，在這段孤獨中，我絕對會蛻變成全新的自己。（中略）
那是我人生中第一次體驗到的白色孤獨，從今以後，孤獨不再等於
害怕，而是我的力量。

──摘自萊茵霍爾德·梅斯納爾（Reinhold Messner）[1] 的
《黑色孤獨，白色孤獨》
（ *Die weiße Einsamkeit：Mein langer Weg zum Nanga Parbat* ）

　　自從開始寫作以後，我養成了一個新習慣──就算是已經知道的單
字，也會刻意去查辭典上的意義。比方說，當我想要思考關於「思維」
的意義時，就會透過國語辭典搜尋看看，有時候，我會因為搜尋出來的
結果和自己既有的認知大相逕庭而感到驚訝。不過，我也會藉由這樣的
機會回頭檢視過去帶有偏頗的認知觀點。有時即便是相同的單字，也會
因社會文化特性不同，而在意義上有些微差異，其中最具代表性的例子
就是「孤獨」，我透過國語辭典和英語辭典分別搜尋「孤獨」，結果出
現的解釋如下：

適當的距離

獨處時寂寞，與人相處又不自在，人際關係不疲累的暖心練習

孤獨

〔名詞〕

一、 彷彿世界上只剩下自己一個人，非常孤單、寂寞。

二、 失去雙親的小孩和膝下無子的老人。

孤獨

〔名詞〕loneliness, solitude

一、 loneliness

　　孤獨，孤單

二、 solitude

　　（尤其是開心的）獨處

　　我們從小接觸的「孤獨」這個單字，是帶有寂寞、孤單、無望等，接近「獨自被留下」（loneliness）的感覺；然而，最近書籍和講座都在熱議的主題：「享受獨自一人」，則比較像是英文辭典裡出現的第二種

1：義大利登山家兼探險家，是人類史上首次不用氧氣補給獨立登頂珠峰成功，也是第一個完攀十四座八千米山峰的人，被譽為史上最偉大的登山運動員。

意涵，也就是「開心的獨處」。當我看著「孤獨」這個單字，竟然會因為地域不同而有截然不同的解釋時，一方面感到無比神奇，另一方面又難掩失落，彷彿只有在集體文化的韓國社會裡，才會將孤獨視為被別人漠視、丟棄般的象徵。

然而，目前大眾媒體所強調的「獨自一人的樂趣」，反而可以讓我們用多元角度去重新看待孤獨的定義，我個人平時喜歡收看的電視節目《我獨自生活》（나 혼자 산다），就是透過實際情況展現獨居的單身男女，如何用自己的方式過生活。這讓我想起節目中有一名十八歲少年名叫郭棟連，他就是因為懷有演員的夢想，所以獨自北上首爾，過著一個人的生活。他曾經說過一句話：

「人生都是孤獨的。」

從一個年僅十八歲的少年口中，竟然冒出了「人生都是孤獨的」這句話，在感到訝異之餘，不禁也讓我好奇，他過去究竟都過著什麼樣的人生——位於半地下室的小套房，一陣又一陣的惡臭撲鼻而來、蟑螂四處逃竄，這就是郭棟連獨自生活的空間。

有次，從學校返家的路上，他發現小套房外牆上有著大人酒醉後的嘔吐物。

只見他表情痛苦難耐，但依舊拿出清掃工具，將別人的嘔吐物清理乾淨。為了消除從地下室湧上來的陣陣惡臭，他總是把家裡整理得乾

乾淨淨，也會噴灑殺蟲劑。明明還是個需要父母陪伴在側的年紀，他卻已經學會獨自煮飯、洗碗，也知道要按時吃維他命，身為同樣育有兒子的母親，看得我心裡實在難受。

其實他心裡有個傷痛——最愛的母親不久前因病過世，但他仍選擇獨立，只為了開拓自己的人生、實現夢想。他一邊上學，一邊練習演技，就連大人都不容易獨自維持的生計，一名十八歲少年卻一肩扛起，他的模樣看在我眼裡，實在很了不起。演員金光奎（김광규）當時看著少年獨自生活的影片說道：「郭棟連雖然很年輕就領悟到孤獨，但那並不是淒涼、鼻酸的，而是年輕人透過自我挑戰達成的，是非常令人羨慕的。」

也許孤獨是我們在人生中最低潮的時候所面臨到的情感，當其他人都滿面春風，看起來容光煥發時，唯有自己躲藏在陰暗的影子底下，暗自沉潛，在寂寥的靜默中，只能感知到自己的動作和噪音，那是世界上最安靜的時刻。

而這時，也是人類和「真我」相遇的瞬間，你幾乎聽不見別人說話的聲音，周遭一片寂靜，在最漆黑冰冷的空間裡，遇見長期以來被你忽略的真我。人們正是因為害怕面對這樣的感覺，所以不斷做出不具意義的承諾、與異性談戀愛、喝到爛醉；有些人則是轉而執著於成功，把自己搞得筋疲力竭、工作操勞過度。由此可見，大家會因為害怕面對孤獨，看見一無是處、窮困潦倒的自己，而啟動這些潛意識裡的防禦機制來逃避。

我同樣也會在感受到內在孤獨時畏懼退縮、覺得自己好孤單，但是當我靜靜地停留在那樣的感覺時，孤獨反而不是一種會使我感到孤伶伶的東西，而是像一位能讓我與自己坦誠相見的朋友，舒適自在。要是能和孤獨成為朋友，就不用再渴望他人能給予我安慰，也會獲得自行整理複雜心情的力量。能夠享受孤獨，就等於了解了人生當中的一種滋味，當你懂得品嚐那份滋味時，孤獨就不再是孤立，而是自立。

「孤獨表達著孤單之痛苦，而獨處則表達著孤單之榮耀。」

——神學家保羅・田立克（Paul Tillich）

罹患囤積病的人

　　三十歲的恩京小姐每天只要一下班，就一定會順路走到家門口的大型超市裡，明明沒有需要購買的東西，也會去一樓的彩妝用品區、服裝飾品區逛逛，買幾樣物品回家。每次只要走到地下室二樓食品區，她的目光就會被零食、宵夜等食物吸引，買一些晚上邊看電視邊喝的啤酒，以及零食和酒餚，就算是當天不打算吃的食物，也會把它放進購物車裡，告訴自己反正總有一天會吃。想買什麼就買什麼的後果是，結帳經常超過五十萬韓元（約新台幣一萬三千元）。

　　她的家裡堆滿著買了卻還沒吃的零食、泡麵、保健食品、化妝品、清掃工具，有時甚至會忘記自己訂購了什麼商品，導致重複購買。恩京小姐只要不買東西，內心就會感到空虛，不知道該做什麼事情，進而焦慮不安。唯有在上網選購商品、按下結帳按鈕的瞬間才會感到安心，所以她為了讓自己重複感受那種安心感，持續不斷地消費購物。正因為這種病態性的消費習慣，導致家裡宛如垃圾場一樣，東西多到雜亂無章，就連未拆封的包裹也占據了房間一隅。新添購的物品都還未能派上用場，既有的物品也還不到丟棄的時候，她就一直用「總有一天會用到」為由，將那些物品先保存起來。她是一名罹患「囤積病」（Compulsive hoarding）的人，亦即「囤積者」（Hoarder）。

囤積者會藉由購物、把家裡塞滿東西的行為來獲得心理上的安慰，因此，丟棄物品對他們來說並不容易，這會使他們內心備感焦慮。他們認為丟掉某樣物品會連同該物品的美好記憶也一併消失，所以會輾轉不安，還會覺得空虛、淒涼，而這也是為什麼他們的空間往往會被不必要的東西填滿，甚至影響生活。

　　恩京小姐是在一名友人的勸說下，前來找我接受心理諮商的；她的朋友實在擔心她這樣衝動購物和囤積物品的習慣。恩京小姐一開始以為，自己會亂買東西是因為喜歡逛街購物，但是隨著居住空間東西愈積愈多，變得像倉庫一樣以後，才意識到自己好像有點不太對勁，想要檢查一下內心狀態。

　　恩京小姐是在鄉下出生長大的，有一個弟弟和一個妹妹，由於父母都忙於工作，身為長女的她，自然擔起了照顧弟弟妹妹的責任。在那本該受人疼愛、照顧的年紀，卻不得不扮演起母親的角色，這對她來說著實是一件辛苦的事情。她小小年紀就為弟弟妹妹們煮飯、煎蛋，配著泡菜，餵他們吃飯，往往等餵飽了弟弟妹妹以後才會輪到自己吃，她常常用麥茶倒進飯桶裡，把剩餘的鍋巴加熱滾煮，隨便解決一餐。因家境貧寒，所以就算是嚴寒的冬天，也開不起鍋爐，只好開著電毯，和弟弟妹妹躲在一張棉被裡相互取暖。正因為當時經歷的嚴寒讓她刻骨銘心，所以現在恩京小姐會在獨自一人居住的家中把鍋爐開到最強，熱到地板發燙的程度。

　　大學畢業以後，她獨自一人北上首爾，像落跑似的離開了故鄉。

雖然對弟弟妹妹難免有些愧歉，但是家人對她來說，一直是內心沉重的擔子，所以她一直都很渴望逃離那樣的牢籠。她想要像其他朋友一樣參加父母資助的海外研習營，也想要把自己打扮得漂漂亮亮，出門和男朋友約會，然而，實際上她沒有可以依靠的父母、吐露心聲的男友；唯一能夠填補她空虛心靈、重拾安定的只有購物這件事。一開始，恩京小姐也只是買一些小飾品或零食，但是隨著購買規模逐漸變大，最終，她的小套房已經被堆積如山的衣服、食物、未拆封的包裹徹底淹沒，就連走路的地方都沒有。

實際上，前來找我接受心理諮商的來談者中，不乏像恩京小姐一樣有著相同困擾的人，他們往往會添購超出必要範圍的大量物品，又有著不容易丟東西的囤積強迫症；或者暴飲暴食以後再自行催吐等行為，也就是所謂的「進食障礙」（Eating disorder）；抑或是和多名異性不斷發生性關係等。雖然症狀都不盡相同，但其實問題根源都一樣，都是為了填補心靈上的空缺。這類型的人會為了確認自己的存在而進行一些成癮行為，藉此控制住內心深層的不安。

曾經有一項研究結果顯示，小時候無法從別具意義的他人身上獲得充分愛與認可的人，很容易對物品產生過度依戀。美國新罕布夏大學的一名教授就曾指出，人類對物品的依戀與對愛和認同的渴望有著別具意義的關係。

「人類在受到周遭人士的愛與認可時獲得安全感，但是在人際關係中找不到安全感的人，會藉由獲得某件物品的事實來彌補安全感。」

　　實際上，我們去觀察那些炫富或喜歡炫耀的人，會發現他們小時候可能沒有得到充分的關愛，或者心理某個部分是有缺陷的。因此，像恩京小姐一樣有囤積病，或者因神經性暴食症而痛苦不堪的人，最先要做的事情是認知自己其實是為了安撫內心焦慮，而把買東西或吃東西當成是一種手段。當你想要擁有某件東西時，最好先停下動作問自己，到底是真的需要該物品，還是如果沒有得到會難以安撫內心空虛，才會基於衝動購買。

　　另外，我建議有這類困擾的人可以試著經歷一段親密又穩定的交往關係，不論是同性還是異性都好，只有和一名就算你沒有任何特殊專長，也依舊會尊重你、相信你的人維持一段別具意義的關係，才會有效緩和你的病理症狀。如果周遭沒有這種人，也建議你最好找專家接受心理諮商，因為在和諮商師之間的互信關係中，可以有助於找回原本的自己，對人的信賴感與愛意也會逐漸被填滿。

　　當你突然冒出想要購物的念頭，或者明明不餓卻想要吃東西時，不妨先讓自己冷靜下來，去察覺內心深處的飢渴，那可能是內心空蕩蕩的感覺，也可能是焦慮不安的情感，有時甚至是心裡感到孤寂，所以要先察覺內心情感最為重要。可以把當下感受到的感覺寫在記事本上，然後去認知自己的內心需求，再來重新檢視想買的那些物品，這時可以對

自己拋出以下幾個問題：

這件物品是否為生存必需品？
這件物品會使我感到興奮嗎？
這件物品會使我感到幸福嗎？
如果沒買這件物品，我的心情會如何？
現在的我，究竟迫切需要哪一種情感？

　　要能察覺到自身需求與感受，並不是一件容易的事，因為我們已經有好長一段時間沒有專注在自己的內在情感，而是不斷藉由其他方式（吃東西、逛街購物、運動、性愛等）來排解。我們在人生中經歷的孤單、空虛、自卑等情感，最終依舊不會因物品或他人而徹底排解。

　　我們一定要去察覺那樣的內在感受，正視它，並且撫慰它，才會逐漸消退。雖然與內在實際存在的擔憂面對面是一件痛苦的事情，但是就如同下雨過後的地面會是硬的一樣，當你誠心面對內在隱憂時，全新的情感才有辦法在你心中萌芽。

發掘出真正令你恐懼的的事情。真正的成長，是從那一刻開始。

――卡爾・榮格（Carl Gustav Jung，分析心理學家）

如何減少不必要的
情感浪費

我們有時會誤以為自己是棵聖誕樹，但是很快就會發現，原來自己只是點亮聖誕樹的無數顆小燈泡之一，然後過不久又會發現一件更重要的事實，那些小燈泡其實是有分等級的。

　　　——摘自韓劇《全能女神》（직장의 신，又譯《職場之神》）

　　幾年前，翻拍自日本電視劇、諷刺上班族人生的韓劇創下了高收視率，劇中主角「金小姐」由演員金惠秀（김혜수）飾演，她帥氣精湛的演技徹底征服了大眾，這齣戲正是《全能女神》。金小姐在一場意外中失去了平日友好的同事，甚至慘遭公司不當解僱，她為了和這無情踐踏她的世界抗衡，自願選擇展開約聘職人生。

　　她設立了一項原則：不論任何一間公司，都只工作三個月，絕不延長合約，而且只負責處理直屬主管交辦的事項以及「金小姐使用說明書」裡寫到的工作，早上九點上班，晚上六點準時下班，午休時間也分秒不差只休息一小時，要是公司在她工作時間以外提出交辦事項，她就會向公司申請鉅額加班費，一定要主管簽名允諾支付這筆加班費，她才會著手進行額外交辦的事項。對於金小姐來說，看在人情

的份上幫同事處理工作，或者下班後還要出席同事聚餐活動，是絕對不可能發生的事。

雖然她如此特立獨行，但還是有許多公司搶著雇用她，因為她除了擁有文書處理等基本工作執照，還有四大料理師執照、重機械操作員執照、搓澡師執照、機師執照、助產師執照等，共一百二十四種專業執照，是個不折不扣的超級女強人。

我相信很多觀眾在看到劇中金小姐面不改色地拒絕主管提出的不當要求時，一定會感到痛快無比。每天進公司就要看主管的臉色，不僅不能做自己，甚至就連身而為人的基本人權都捍衛不了，看著這樣的自己，感覺愈來愈像職場裡的奴隸，這應該是每一位職場人士都會在內心感到糾結的一點，甚至就連星期天深夜播出的電視節目《搞笑演場會》結束時所播放的片尾曲——歌手史提夫‧汪達（Stevie Wonder）的「鐘點情人」（Part Time Lover），對上班族而言，都是光聽就會心情鬱悶的歌曲，因為它也宣告著週末即將結束，星期一將要來臨。

《全能女神》中的金小姐，是現實生活中不可能存在的角色，尤其在極度重視職場人際關係的韓國社會裡，要像金小姐那樣特立獨行，根本是天方夜譚。要是真有人這麼做，也會很容易被貼上「不懂規矩」的標籤，很可能連工作都不保。

在從事這份心理諮商工作以前，我也是個平凡的上班族，整天看著主管的臉色，為了讓自己不要在升遷考核中落後於人，我費盡心思面對工作、人際關係，當時我把公司視為人生的全部，為了得到能力上的

認可、守住位子而全力以赴，也許正是因為如此，主管和前輩總是誇讚我有責任心、工作能力優秀；但是隨著下班後疲倦感與空虛感排山倒海而來，也給了我許多問號——

「我究竟是在為何而工作？」

原以為工作資歷愈久，成就感會愈大，但沒想到不僅得不到成就感，就連人際關係也搞得我傷痕累累；有時候會覺得公司很卑鄙，我是這麼全心全意在為公司付出，公司卻沒有給我應有的補償，還得眼睜睜看著直屬長官把我辛苦做出來的成果直接占為己有，更使我驚訝到啞口無言。回想當初那個時期的我，簡直像極了《全能女神》中到處碰釘子的約聘員工鄭珠莉。

大部分上班族來找我接受心理諮商都是因為兩種原因：一是深受難搞的主管或同事困擾，二是對於自己在職場上的定位感到模糊。比起繁重的工作量，更多人是因為職場人際關係而苦惱，相信對於任何人來說，要和成長背景截然不同、性格也不一樣的人協調意見，都是一件不容易的事情，尤其是牽涉到工作，更是難上加難。

我通常會給予這種人幾項建議，其中一項是「藉由一張圖表來幫助自己思考」。比方說，當你和主管之間出現溝通問題時，你有兩種選項：一是順從主管的指示，二是說出自己的意見。我請來談者在A4紙上畫出一個簡單的表格，把兩種選項的優缺點填入表格當中：

適當的距離

藉由一張圖表來幫助思考

	順從主管的指示	說出自己的意見
優點	可以順利回到座位	說出口的瞬間會覺得暢快
缺點	內心鬱悶，久了會生悶氣	接下來的職場生活可能會不順利

　　然後把自己寫下來的優缺點與諮商師（我）分享，藉此整理思緒。方法固然簡單，卻能有效幫助你解決問題，因為當你把腦海中複雜的煩惱寫成文字時，煩躁的心情會隨著書寫過程而逐漸平息，思緒也會變得逐漸清晰。

　　在職場生活中，最不具建設性的行為是，不斷把自己放在受害者的位子，例如：「我都已經做那麼多了，他怎麼可以這樣對我」這種只有自己是受害者的抱怨；或者「他到底在想什麼，怎麼會做成這樣」這種只會去批判別人的心態，這兩種習慣都不會為你帶來任何好處。對方不認可你的努力是對方的問題，絕對不是你的問題；雖然你可能會覺得委屈，但也別無他法。另外，與某人有想法上的落差是再自然不過的事情，我們每個人都有著不一樣的想法，畢竟彼此身處的位子和扮演的角色不一樣。對方之所以會做出那樣的行為、說出那樣的言語，也一定有他的理由，要是他的想法會與你的工作產生摩擦，就不妨把自己的意見勇敢說出來，如果現實狀況不允許你這麼做，就最好趕快打從心底放下這件事，反而對你的精神健康有益。

我們不可能和周遭所有人都達成百分之百的協議，只要能達成百分之六十左右，就已經非常幸運。但是許多人會為了想要達到將近百分之九十的協議而孤軍奮戰，再加上他們幾乎沒有想要向對方妥協的意思，當這樣的情況反覆上演，最終就會消耗掉許多不必要的情感，感到痛苦的人，反而是你自己。

　　切記，職場不是讓你去結交美好人緣的地方，也不是唯一能夠證明你的地方；職場就只是工作的場所罷了，只是你人生中的一部分，並非一切。

適當的距離

一、 請寫下目前正使你困擾的問題，並設定兩種選項，分別寫下它們的
　　 優缺點。

優點		
缺點		

人生中很少有
真正必要的東西

　　我們通常會把人生喻為是一趟旅行，要是在還沒設定好目的地的情況下就冒然展開旅程，很容易一不小心就迷失方向，不知道自己置身在何處；就算設定好目的地再出發，有時也會面臨只能眼睜睜看著火車揚長而去的窘境，即便安全抵達目的地，也會因為不符合自己的期待而感到失望或空虛。旅行就是一件會使我們感到既緊張又興奮的事情。

　　去年，我們一家人準備去峇里島旅行時，因為是多年來久違的旅行，所以我滿心期待，選了一款家中最大的行李箱，開始將物品一一打包。當我把每天的換洗衣物，各種保養品、化妝品，幾本要閱讀的書、筆電，老公的東西、孩子的東西，還有單眼相機、常備藥、幾雙拖鞋等，統統放進行李箱時，竟發現光是裝這些東西，行李箱的拉鍊就已經快要拉不起來，要是這樣拖去機場，絕對需要付超重罰款。於是我又拿出了另外一個行李箱，把已經打包好的行李再度重新打開分裝，一開始使用的那款大行李箱才終於回到原本正常的樣貌，我也才能夠安心地前往機場。

　　這趟旅行整整計畫了一個星期，我滿心期待地坐在地鐵裡，翻閱著旅遊書，享受準備出國去旅行的滋味。我看著旅遊書裡的照片，想像

著這一定會是一段很棒的旅程，臉上也不由自主地掛起了笑容。當時坐在我旁邊的一位老爺爺突然向我搭話：

「妳是要去什麼好地方玩一個月是嗎？」

他留著一口長長的白色鬍鬚，雖然看不太清楚他的嘴巴，但他說的每一個字都清晰可聞，聽起來像是在問我：「去旅行怎麼帶這麼多東西？」於是我刻意笑開懷，拿孩子為由，回答他：「對啊，因為小朋友還小，要帶的東西好多喔。」後來那位老爺爺祝我們旅途愉快，並在下一站下了車。我默默看著眼前那兩件行李箱，感覺只要再多塞一件衣服，拉鍊就會徹底爆開。當下我不禁問自己：

「這些行李真的會讓我的旅行變得更幸福嗎？」

旅行的目的是從日常生活中暫時逃離，抵達一個全新的環境，大啖美食，釋放過去累積的壓力與心理包袱；但我的行李箱彷彿裝著滿滿的人生包袱，感覺隨時都會爆裂。我看著自己拖著沉重行李箱、舉步維艱的模樣，馬上意識到原來行李箱的重量正好就是我內心感到焦慮不安的重量。其實衣服髒了，只要在當地洗一洗曬乾就能重穿，或者在當地買一件也可以，保養品和化妝品也大可省略幾個步驟，才那麼幾天，又不會有大礙，我卻希望把所有東西都搬過去才會感到安心，所以等於是

我把所有的不放心統統都打包在行李箱裡。正因為沉重的行囊，導致我和老公在旅行第一天和最後一天都耗盡了所有體力。

理查（Richard J. Leider）和大衛（David A. Shapiro）就曾在他們的著作《重整行囊》（*Repacking your bags lighten your load for the rest of your life*，知英文化，1995）中拋出一項疑問：「我們背負的行囊，究竟是否能使我們幸福？」也請讀者重新思考一下，你以為沒帶會出大事而一直放在包包深處的那些東西，究竟是不是人生中的必需品？這邊所謂的行囊可能是指物品，也可能是指人，或者是指待辦事項。

偶爾進行大掃除的時候，會發現家裡出現一些根本不需要的東西，比方說，只有客人來家裡作客時才會端出來的九節坂[2]，那是在七年前剛結婚時添購的，當時覺得總有一天會派上用場，於是一直放在碗盤收納櫃的角落，至今卻從未做過一次九節坂料理。我不禁回想，家裡竟然有那麼多不需要的東西占據著我的空間，那我的人生是不是也被許多不一定要做的事情、一年根本連一次都聯絡不到的無數名聯絡人、不必要的資料占據？

當我們順應周遭人士的生活方式一段時間，就會發現自己好像在做一些不是很想做的事情，比方說，人人口中誇讚的運動、建議打通的人脈，或者是一定要接受的教育等，跟著人家照做，卻感受不到有任何益處或樂趣。

在《重整行囊》這本書中，作者就有強調：我們每走一步，都應該要重新檢視過去的人生，如果不反覆問自己，就不知道為什麼要做那件

事。作者提出的幾個需要問自己的核心問題如下：

我為什麼要做這件事？

我為什麼要和他們當朋友？

我為什麼生活在這裡？

我為什麼把這件事情當作是我的目標？

　　我也曾針對這些問題寫過自己的答案，但其實都不是容易作答的題目，要經過幾番思考之後才有可能找到答案，抑或是經過長時間思考也難以找出明確答案。然而，在我們的一生中，仍須針對這些題目進行一回自問自答，確認是否在不知不覺中扛下許多自己也不想要的行囊，這麼做可以幫助你發現真正珍貴的東西是什麼。

　　不過，我也不是要你現在立刻放下所有行囊，甚至直接轉行做真正想做的工作。我只是希望你可以了解自己工作的目的究竟為何，以及周遭都圍繞著哪些人事物，認清自己的狀態是最重要的，等你完全看見問題點、渴望有所改變時，再來挑戰改善也不遲。

2：盛放古代韓國宮廷料理前菜的容器，形狀為八邊形，總共分成九格。

其實人生中非要不可的東西沒有想像中來得多，但是我們都忘記了這項事實，忙著將人生塞好塞滿，彷彿要是沒有把行程排滿就會落後於人，也害怕自己變成社會中的落伍者。能夠沉澱這種內心不安的唯一方法，就是自問自答，用關心一名多年好友的方式問自己。

　　每個人都是今生第一次，所以我們都對自己不甚了解。人生就如同是在未知的世界裡暢遊探索，根本不曉得要帶哪些行囊整裝出發。但是隨著自問自答的次數愈來愈頻繁，便會找到內心真正想要的東西。

如果你無法徹底自由，那麼至少想辦法讓自己自由。

　　——拉爾夫·沃爾多·愛默生（Ralph Waldo Emerson，作家）

適當的距離

一、 請思考人生中有哪些是真正的必需品（物品、人際、信念等），將
　　其寫入下方這只「人生皮箱」中。

人生皮箱

「在一起，卻又保持獨立」 的美學

　　尋求心理諮商師協助的人當中，有些是談戀愛為情所苦，有些則是因夫妻之間產生摩擦而來找我。當自己已經嘗試過各種方法，也試著問過周遭友人的建議，卻依舊得不到想要的答案、徬徨無助時，接受心理諮商就會成為最後一條路。雖然諮商師並非戀愛專家，但至少可以扮演一面鏡子的角色，讓來談者得以看見自己究竟是因何種情感而變得過度激動、目前的交友關係問題究竟是出自於哪些根本原因、自己真正想要的是什麼等；因此，對解決來談者的問題會有所幫助。接受心理諮商，其實是一段正視自己素顏的過程，所以有時會感到痛苦難耐，有時也會有所顧忌。不過有一點可以保證的是，當你愈常和自己坦誠相見，你的內在也就愈有所成長。

　　我是在去年夏天初次與素熙小姐碰面的。當時正值陽光烈焰的八月，某天，因排定的諮商行程不多，我正準備提早打烊、獨自去散步，但是當我收拾好公事包要開啟大門走出去時，一名目測年約三十的女子，站在研究中心門口，看起來應該是在等人。我主動向她開口問道：「請問哪裡找？」於是她回答：「請問這邊也有提供戀愛諮商嗎？」

　　她的神情看起來十分急迫，當下我有一種不祥的預感，要是直接

請她回去一定會發生憾事。於是我帶著她走進了諮商室，見她面紅耳赤，為了讓她可以穩定心情，我打開冷氣，並為她倒了一杯冰茶。在研究中心裡四處張望的她，逐漸熟悉環境氛圍以後，便開始對我傾訴她的故事。

素熙小姐是個平凡的上班族，她目前的交往對象已經失聯兩天，傳過多封簡訊、打過好幾通電話給對方，卻始終聯繫不上，她也擔心要是自己過度糾纏，反而會惹得對方更加厭煩，甚至會提出分手也不一定，只好努力按捺住想要奪命連環 Call 的衝動。與此同時，她也對於整天因為找不到對方而無法專心工作的自己感到很沒用，所以一直責怪自己。大學時期的她，因為談了一場不是很愉快的初戀，所以自此之後就下定決心，不再對任何異性敞開心扉，然而如今的她，又再度身陷在愛情裡為情所困。

於是我問她：「要是一直聯絡不上對方，妳的心情會如何？」她暫時把頭撇向窗外，陷入一陣沉思。然後回答：

「我不曉得，應該就是感到心頭一陣涼，然後覺得自己被遺留在某個暗不見光的地方吧。」

其實有許多來談者都沒有辦法準確說出內心湧現的情感，可能是因為過去從未有過用一句話形容心情的經驗，也可能是從未有人問過他們的感受。因此，當我要求他們說出自己的心情時，他們往往會藉由身

體感覺來形容，要是實在難以言喻，我就會請他們透過畫畫或者顏色來具體描述，因為人類的情感並非觀念，而是一種近似於能量團或身體感覺的東西。

每個人面對心愛的人突然人間蒸發這件事，都會有不同的感受。有些人可能會擔心對方是不是發生意外，有些人則害怕對方是不是已經不喜歡自己，有些人甚至懷疑對方是不是另結新歡而焦慮不安。素熙小姐描述的情感是「一陣涼」和「被遺留在某個暗不見光的地方」，也因為難以控制這樣的情感而向公司請病假，跑來找我接受諮商。

爾後，我們又進行了幾次諮商，我終於開始明白她所說的「一陣涼」是什麼感覺。當她聯繫不到心愛的對象時，感受到的情感是「被拒絕」或者「被遺棄」，素熙小姐正是因為害怕面對這樣的情感，所以每次都會借酒澆愁，或者和朋友見面聊天，但是隨著自己愈想要忽略這種情感，就愈身陷其中。

精神分析學家瑪格麗特・馬勒（Margaret Mahler）將出生分成兩種：一種是肉體上的誕生，另一種是心理上的誕生。人類在滿三歲以前，會與母親維持心理上的共生關係，然後逐漸分離成個體化的人格，對於孩子來說，這種「分離－個體化」（Separation-Individuation）的過程是極大的痛苦，因為原以為在心理上和母親是一體的，突然間卻要接受自己是獨立人格的宿命，孩子的心理會在共生與獨立之間不停拉扯，最終才會完成所謂「心理上的誕生」（The Psychological Birth）。

而在這段「分離－個體化」的時期，要是過程進行得都還算順利，孩子長大以後就會自主性的維持自我人生平衡。但要是過程進行得並不順利，就會經歷難以結交關係的問題，因為一體感與獨立性這兩種需求會在內心拉扯抗衡。這種人會難以承受與心愛對象分開的事實，並為此感到痛苦不堪，對於他們來說，人生中的重要目標之一就是感受到與人有所連結。

　　素熙小姐的內心恐懼，是來自於害怕遭到心愛對象遺棄或者只剩下隻身一人。和初戀對象交往時，也因為相同的問題分分合合，雖然已經事隔多年，但是現在的她依然會因為聯絡不到愛人而感到內心痛苦。都說相愛是由兩個人相遇合而為一，但是真正健康的戀愛，應該是兩個人在一起時可以維持良好關係，獨自一人時也可以守護自我、有效運用獨處時光才對。

　　對於素熙小姐來說，心理上的獨立依舊需要許多時間和努力才能達成，她必須藉由反覆地與親密對象共處在安心的環境裡，以及兩人各自分開獨處，才能對他人及自己建構出穩固的信賴感，達到心理上真正的獨立。

　　如果此時正在閱讀這段內容的妳，也像素熙小姐一樣，在戀愛關係中對於找不到人會感到異常的焦慮，那麼，與其責怪對方，不如先好好意識自己內在的不安，想辦法達成心理上的獨立才是。這會是一件需要花費漫長時間調整改善的事情，也需要有勇氣去面對內在恐懼，不論是藉由心理諮商、冥想、寫作、信仰，或者是與值得信賴依

靠的對象對話等，都無所謂。不斷審視認知自己的內心，妳與對方的關係就會開始產生變化。當妳鼓起勇氣面對內心恐懼時，妳的人生就會有新戀情來敲門。

第 4 章

人生不再孤單的
心理鍛鍊

勇敢面對羈絆自己的
內心恐懼

每個人都懷有愛、生命與冒險的夢想，卻可悲的用各種理由告訴自己不要去追求。這些理由看似保護我們不受傷害，同時卻也是一種禁錮，將生命排斥在遠方。人生比你所想的短暫得多，如果你想要騎腳踏車或想要愛誰，此時不做更待何時？

  ——摘自伊麗莎白・庫伯勒・羅斯（Elisabeth Kubler-Ross）的《用心去活》（*LIFE LESSONS*，張老師文化出版，2001）

  平日早晨，勝才正在都市中心的一間咖啡廳裡喝咖啡，他凝視著窗外一群身穿西裝、提著公事包的上班族在大馬路上穿梭，那些人看上去都像是剛進公司的社會新鮮人，年齡應該都與他相仿。勝才看著光鮮亮麗的他們，再反觀還在求職中的自己，不免感到有些意志消沉。他在過去兩年間，投遞過數十封履歷，結果都石沉大海。雖然他後來有降低想進的目標公司標準，也面試過幾間公司，但仍然沒有接獲任何消息。現在的他，已經求職了整整六個月，他羞於跟家裡伸手拿生活費，所以晚上都會去酒店打工，賺取補習費和生活費。

  深夜凌晨時分，下班後的他全身痠痛，只想回家睡個好眠，但這

對他來說都是一件奢侈的事情，因為父親只要一看見他，就會開始冷嘲熱諷。他看不慣勝才整日遊手好閒、無所事事，別人家的孩子大學畢業後都進到大企業或外商公司工作，自己的兒子卻連做人的本分都未盡到，最後索性連家都不回了。勝才實在受不了父親的冷言冷語，因此，他每天只會睡五小時便出門去圖書館或咖啡廳裡待著。

　　我第一次與他相遇是在研究中心裡，當時正在舉辦一場菜鳥作家寫作講座，那場講座是以小組為單位進行，差不多有五六名二十至三十幾歲想要成為作家的志願生參與。上課第一天，勝才是最後一個抵達的，他選了一個位子坐下，他的神情看上去十分疲倦，眼下也有很深的黑眼圈。第一堂課，我們主要是在分享自己為什麼會來到這裡，以及為何想要寫作。其中有人是因為工作上經常需要寫作，所以前來上課；有人則是胸懷大志，想要趁年輕把自己的人生寫成一本書出版；最後，輪到勝才分享他的報名原因時，可能是因為有些緊張的關係，他滿臉通紅，緩緩開口說道：

「就只是因為生活太苦了，所以我開始寫作，感覺要是不寫點什麼，有一天遲早會瘋掉……」

　　在那當下，現場空氣瞬間凝結成冰，所有人的目光都聚焦到勝才的身上。一直在他眼裡打轉的淚水也感覺快要奪眶而出，但他實在不想在一群陌生人面前流下男兒淚，所以一直強忍著淚水。我為了鼓勵他提

起勇氣來找我，因此告訴他還想要多聽一些他的想法，於是他開始述說自己的故事，我們也逐漸明白過去為什麼他要那麼壓抑自己、對他而言，寫作具有什麼意義。

對於勝才來說，寫作是他唯一可以吐露真心的朋友，也是他的安身處。他總覺得世上所有人都看他一無是處，所以每次只要一站在人群面前，就會備感焦慮，對看不見的未來也感到黯淡無光。正因為他在充斥著不確定的情況下苦撐多年，所以內心早已傷痕累累。面對屢屢失敗的求職結果、父親的酸言酸語、周遭友人的求職成功等，都使他變得愈來愈畏縮，想要躲進屬於自己的安全洞窟裡。唯一支撐他活下去的動力只剩下寫作，沒有其他。

由於我也是在二十世代為自己的未來苦惱過、徬徨過，所以可以感同身受勝才當時的心情。雖然在我活了人生大半輩子以後才知道，原來二十世代是可以自由挑戰任何事情的年紀；但是在當時，只會對未來感到渺茫、擔心，內心也不斷徬徨、動搖。要是家人或朋友願意支持自己，情況還不至於太糟，即便再苦，應該也都能撐得下去，但要是連最親密的家人都批評自己，我想就算是再堅強的心，也難保不會崩潰。而這也是為什麼大家會不斷地隱藏自己，又不去探索自我，汲汲營營於追求別人口中稱讚的工作。對於這種人來說，比起實現自我，更重要的是進入一間人人稱羨的公司上班，他們忽視自己的興趣，適不適合這份工作，一味地按照世俗定義的標準去追隨，最終還是會面臨離職問題，然後又再度身陷自我認同危機。

前來接受心理諮商的人中，大部分都是在「世人眼中的我」與「自己眼中的我」之間苦苦掙扎的人，最後實在找不到答案，所以才要尋求諮商師的協助。他們會為了得到他人的認可、使父母開心，認為必須盡快找到一份像樣的工作，但是最終根本不曉得自己喜歡做什麼、是哪種類型的人，最後也因為不夠了解自己而心生自責。

　　寫作講座結束以後，我偶然讀到了勝才寫的一篇文章，密密麻麻地寫滿了兩張A4紙，透過他的文章，我感覺到他是一個充滿生命力的人，絕非他所想的那樣是個沒用的傢伙，他的文筆坦率真誠，一字一句都細膩地刻畫著內心深處的傷痛，讀著讀著，害我不禁紅了眼眶。

　　他到現在都還有在接受我的心理諮商，每回諮商過程中，我們都會談到內在擔憂。隱藏在他內心深處的擔憂，是害怕被世人冷落、唾棄，雖然「唯有表現優異才會獲得他人認可」的根深柢固信念，一直是他咬牙過生活的動力，但是也因為那份信念背後隱藏的擔憂，使他難以鼓足勇氣去挑戰自己真正想做的事情。因為萬一挑戰失敗，那他就更沒有臉見人，也沒有信心面對失敗的自己。

　　珍潔‧希斯（Jinger Heath）曾在其著作《夢想無價》（*Positively you !*，星光出版，1999）中寫道：不論我們的處境如何、年紀多大、認為自己多麼不幸又遍體鱗傷，我們的肖像依舊會等待自己可以耐著性子把該幅畫作完成，在白色畫紙上塗上五彩繽紛的顏色，鼓起勇氣創造出屬於自己的自畫像。

　　我們隨時都在在意他人的眼光，導致根本無暇完成這幅屬於自己

適當的距離

的自畫像，有些人是猶豫該不該畫出真實的自己，有些人則是畫著容易得到別人認可與誇讚的樣貌，徹底覆蓋掉原來的自己。然而，我們的肖像依舊在等待我們鼓起勇氣，畫出自己真正想要的樣子。

　　各位不妨也勇敢正視自己內心深處的擔憂。記得，真正枷鎖著你、使你痛苦難耐的不是世人，而是占據在你內心深處的恐懼。

憂鬱症是一份
給失去人生意義者的禮物

當人生對我吶喊、敲打肩膀、丟擲石子卻發現都沒有用時,最終,它向我丟出了名為憂鬱症的原子彈,它並不是為了毀滅我,而是想要將我轉過身來,好好問問我:「你想要的究竟是什麼?」那是它最後的垂死掙扎。

——摘自帕克·巴默爾(Parker J. Palmer)的《與自己對話》
(*Let Your Life Speak*)

　　徹底的大素顏配上一頭凌亂髮絲,看起來已經很久沒洗頭了,臉上也不見一絲一毫活力,這是我在諮商室裡初次見到世恩小姐時的印象;她看上去毫無生存意志,宛如隔日死掉也會欣然接受的樣子,我甚至想要為她願意特底跑來接受心理諮商表示鼓勵,感覺這已經是她能付出的最大努力了。

　　她連我給她遞過去的一杯熱茶都擱在那裡,一口也不喝,兩眼無神地望著窗外。於是我也循著她凝視的方向看了過去,窗外的天氣似乎沒有察覺到她陰鬱的心情,太陽依舊曬得刺眼,五月的樹木和小草也依然展現著綠意盎然、堅韌不拔的姿態。

「會不會覺得刺眼，要幫妳把窗簾拉下來一點嗎？」

　　當時已經開始進行諮商許久，我才終於開口對她說第一句話。她請我幫她拉下窗簾，於是，我們這段「偉大的沉默」才終於告一段落。

　　結婚第四年的她是一名母親，有個三歲大的兒子，她的丈夫是首爾江南區知名整形外科的醫生，有能力也有財力，她的母親也過著無後顧之憂的富裕生活，家人看似正常、相處融洽。然而，如此條件優渥的她，究竟是為何所苦，需要找我接受諮商呢？

　　其實世恩小姐自從生完小孩以後，便罹患了憂鬱症。她按照父母的期望，考取頂尖大學，大學一畢業就馬上進入大企業上班，直到遇見現在的老公，一切都很順利，她說她的人生堪稱完美絕倫，根本就是走在康莊大道上；但是自從有了小孩以後，她所面臨到的自我認同危機徹底改變了她的生活，她開始不知道自己究竟是誰，怎麼會當了媽媽，也無法對每天工作加班到深夜才回家的丈夫訴苦，甚至拜託對方撫慰自己的心情。然而，在自我認同出現危機之虞，她還是努力扮演好母親、太太的角色，也想盡辦法展現最好的一面給公婆看。

　　她的周遭充斥著很會帶孩子、把自己打理得很好的媽媽，愈是看著她們，世恩小姐就愈覺得自卑、憂鬱。

「諮商師，我覺得我的人生就像一個空殼。」

我不發一語，只有用眼神給予她鼓勵，希望她可以繼續把心底話說出來。她後來告訴我，她覺得自己至今一直都在滿足別人的期待，為了在別人心目中留下良好印象，每天都像戴了張面具在演戲。然而，每當戲終人散走下臺時，都會看見空虛、卑微的自己，她對於要面對這樣的自己感到十分痛苦，強忍了半天的淚水終於潰堤。

前來找我諮商的來談者們，往往會向我哭訴憂鬱、強迫症、無力症、焦慮等各種心理問題，其中最多的案例自然非憂鬱症莫屬；人們在發覺自己的人生好像過得不是很順利、相較於他人相形遜色、內心感到空虛無力、經歷心理上的挫折時，都很容易憂鬱。

這些人會擔心自己是不是應該要去精神科給專業醫師鑑定，也會不斷產生自責感。看著自己逐漸脫離「正常軌道」，會感到陌生、痛苦，雖然都說憂鬱症是心理感冒，但實際罹患憂鬱症的人，比起向人哭訴自己的疼痛，反而更常一個人默默承受著挫敗感。

每當我在諮商室裡遇見世恩小姐這種來談者時，一方面會感到心疼，另一方面也會感到慶幸，幸好她得到這份名為憂鬱症的禮物。我相信，有些人看到這裡一定會心想：「心理諮商師竟然慶幸來談者罹患憂鬱症，這是什麼歪理？」

但其實憂鬱症的另外一種說法是：「我想過好生活。」當我們不滿意現狀、無法再繼續這樣生活下去時，就會感到憂鬱。患有憂鬱症的人不會為了讓自己變得更加憂鬱而去找心理諮商師，他們是為了讓自己好起來、過得更好才尋求專業人士協助。

適當的距離

在春意盎然的五月裡遇見的世恩小姐也是。外表看起來雖然鬱鬱寡歡，但她內心其實是想要讓人生變得充滿活力、正面樂觀的，正因為她一直看不見那樣的自己，取而代之的是往深淵裡不停墜落的自己，所以才會感到憂鬱，並進一步尋找有誰能夠將她拖出萬丈深淵。憂鬱症最終就像是在做最後的垂死掙扎，好讓自己不要墜入懸崖，那是一種迫切希望能好好活下去的心情。

她在我這裡進行了四個月左右的諮商，經過這段治療期，世恩小姐的心裡究竟有了哪些改變呢？她的憂鬱症在我們相遇後兩個月左右就已經大幅改善，她沒有使用任何藥物輔助，自行克服了憂鬱症。當然，過程中還是不免有情緒低落的時候，但至少不到跌到谷底的程度。其實我在諮商過程中給予她的協助很簡單，只是幫助她脫去外人為她套上的軀殼，讓她重新看見真實的自己，並找回屬於她的人生意義而已。

奧地利精神科醫師兼作家維克多・法蘭克（Viktor Frankl）曾表示：「知道為何而活的人，什麼痛苦都可以忍受；反之，不知為何而活的人，則容易被擊倒，甚至失去身為人的存在價值。」這是他在二次世界大戰時，被抓去奧斯威辛集中營裡當俘虜，每天面對死亡所獲得的領悟。他發現「要死還是要活」關鍵並不在於肉體的力量，而是取決於永不放棄的心，這也是他創立的「意義治療法」（logotherapy）的核心思想。

由此可見，人類要能活下去，「意義」是非常重要的。當我們在做某項舉動時，要有自己的一套意義，如果找不到意義，我們就會感覺人

生活像一個空殼，而且這份意義只能憑藉自己的力量尋找，絕非由父母或周遭人士賦予，因為唯有自己找出來的人生意義，才能使自己腳踏實地的活著。

　　憂鬱症往往是在失去人生意義時登門拜訪的；我也曾有過身陷在憂鬱症泥沼中難以脫困的經驗，如今回想當初，憂鬱症也許是神賜予我的一條救命繩，正因為我想要活得更好、更有意義，才會那般痛苦。多虧這份名為憂鬱症的禮物，我找到了人生意義，並以完整的自己生活下去。

　　憂鬱症這顆原子彈的降臨，絕對不是為了把你徹底毀滅，而是為了把你轉過身來，好好問你一回：「你想要的究竟是什麼？」這是它在做最後的努力。凡事都有一體兩面，能否發現隱藏在憂鬱症身後的寶物，一切端看你的抉擇。

一、 我的人生究竟有何意義？（我這輩子想要追求什麼？）

二、 （如果難以回答第一題）我不希望自己的人生活成什麼樣子？

三、 為了活出我想要的人生，這個月（或這週）可以做哪些實質上的努力？請一一寫下。

需要具備承受
不確定性的內心力量

我是大自然的嘗試，是大自然向未知世界邁進的一次嘗試，或許它
會打開新境界，或許會一無所成，然而，讓這個嘗試從遠古的深淵
中誕生，讓我的心感受到它的意志，並將其轉換為我的意志，這就
是我的天職！

——摘自赫曼・赫塞（Hermann Hesse）的《德米安》（*Demian*）

我在去年出版的著作《媽媽偶爾也需要媽媽》中提到，育有子女的
母親都應該將教養從「拼圖式育兒」轉換成「樂高式育兒」。拼圖是每
一塊都有其該在的位子，要是沒有放對位子，整組拼圖就會拼不起來。
拼圖只有一種答案，樂高卻能夠創造出無限種可能——爸爸組的車子、
媽媽組的小花、孩子組的房子，這些都是來自於每個人的想像，屬於各
自的創作。

我在書中拋出了一項議題——現在的孩子會不會變成在父母或社會
創造的拼圖板上，尋找各自的位子？我想談的是，現在的大人似乎都難

適當的距離

以忍受孩子們處於「模糊的狀態」，一定要有一個明確答案或者表現特別突出才行，不然就會焦慮得無所適從。

要是能夠看見即將面臨的未來，就算不及自己原本的期待，也不至於焦慮不安，因為可以預期得到接下來要如何生活、自己會變成什麼模樣；但要是完全看不見未來，我們就會深陷焦慮，這份焦慮來自於不曉得自己接下來要如何生活、會走向何方。

而要是在這樣的情況下，看見原本同在一個起跑線上的人突然卯足全力加速衝刺的話，內心就會更加不安，覺得只有自己還停留在原地，其他人都已找到屬於他們的「正途」。此時，我們往往就會循著那些人的方向開始跟著起跑，努力追趕在後，但根本不曉得自己正在跑往何處。

在過去的階級社會裡，由於各自的身分和角色都是固定的，所以相較於當今社會，自己該做什麼、人生的方向都比較能具體勾勒出來，加上以前的選擇也不多，所以自我認同危機相對較少；當社會自動賦予每個人角色的時候，大部分人也都會欣然接受，認為那就是自己該走的人生。

但是現今社會早已充分保障個人自由，光靠個人的意志和努力，就有無限機會可以翻轉人生，然而，現代人反而感到焦慮，甚至認為自己不幸。大家都在和別人做比較，怪自己沒能爬得更高，然後遲遲找不到方向，在社會中載浮載沉。儘管物質條件已經變得比以往豐裕富饒，我們的內心卻依舊乾枯匱乏。

我們會透過電視或網路媒體，接觸到非凡人士的生活方式及人生故事，因而對自己的人生產生懷疑、挫折、憂鬱，害怕只有自己在社會中停滯不前。

從事心理諮商這一行，我見過許多來談者，他們讓我發現一件事：大家都會在類似的情況下感到焦慮——看見只有自己還在原地踏步時、感覺自己的未來宛如一片濃霧瀰漫不夠透明時、必須面對自己從未經歷過的情況時、擔心把負責的事情搞砸時、尚未設定好要走的人生方向時……這些情況往往都會使人焦慮不安。

我們的人生是一連串的焦慮，因為不曉得今日會發生什麼事情，明日也很有可能會突然發生變故。我們難以想像，自己的下一代將會面臨什麼樣的世界，雖然是親生的骨肉，但也難以預料他將來長大以後會是什麼樣子。每天徹夜煩惱，好不容易買下的公寓，也不曉得究竟會漲還是會跌，甚至就連目前的約會對象是否會與我攜手共度下半輩子也是個未知數。

儘管如此，我們還是在為事先找到最佳解答而孤軍奮戰。我們為了做出最好的決定而煞費苦心，為了盡可能避免錯誤決定而戰戰兢兢。現代人的生活姿態，簡直像極了聯考前心神不寧的考生，為了不要答錯任何一題熟記過的內容，默寫的那隻手從未停下來，焦急如焚的那顆心也跳得厲害。頭、心、手，無一不在忙碌。我們都身處在失敗的話就會被人視為沒有價值、丟臉的社會裡，為了不讓自己走向失敗而努力不懈。

近來，「失敗學」這個領域成了社會新趨勢，其實代表著民眾擔心失敗或喪失了面對不確定性的能力。研究失敗學的學者們，究竟想要向大眾傳遞什麼訊息？如果將失敗視同人生結束或者毫無價值的自己，那麼不成功的人生就會變得一無是處。但是失敗真的毫無意義嗎？我們不妨想想孩子們第一次學走路。

　　我的兒子多民是個很晚才會自己走路的小孩，猶記他到一歲一個月時都還不會走路，所以他是用爬的爬進托兒所登記入園的。當時我們每次只要一去公園，就會看見和兒子年紀相仿的小朋友都已經走得很穩，多民卻完全黏在我懷裡被我抱著，不然就是坐在娃娃車裡。雖然當時因為兒子的發展好像有些遲緩而感到擔心，但是我告訴自己，每個小孩的發展速度都不盡相同，所以我決定不再用過度擔心的眼光看待自己的小孩。

　　幾個月後，多民開始按照自己的速度邁出了人生第一、第二步，一開始雙腳比較沒有力量，所以老是站不穩、跌倒；不過就算經歷多次挫折，孩子依舊努力嘗試以自己的力量邁開步伐。我看著兒子的脖子上都是汗珠，跌倒後還撞到了鼻梁，留下傷口，但他還是成功學會如何自己走路。在那當下，我想起有人曾經說過：「人類為了學走路，至少會摔倒兩萬次。」

　　也許人生並沒有所謂「完全的失敗」或「完全的正解」；對於經歷過數萬次的失敗後，好不容易會走路的孩子來說，跌倒就只是「嘗試後的結果」，而非失敗，更只是邁向成功的「過程」罷了。孩子將來會走

哪條路，我們也難以預測，只能提供孩子一個學習的環境，告訴他一些關於人世間的事情；但是他的人生還是得由他自己決定。

在不確定中想要尋求答案乃人之常情，但我們也需要培養承受不確定性的力量。凡事都想要明確答案的我們，也許才是懷著最不切實際的期待。焦慮感其實會與我們終生為伍，如果正在閱讀此書的你仍備感焦慮，不妨試著好好接納這份感受，因為那是你努力找尋屬於自己人生的最佳證據。

當你承認人生不知該何去何從時，表示改變的時機已成熟，於是就會有具體變化。由此可見，迷失方向其實就像是通往更深遠道路的序幕。

——摘自馬克・內波（Mark Nepo）的
《聆聽的力量》（*Seven Thousand Ways to Listen*，簡體中譯版）

讀出憤怒背後的
隱藏情感

「諮商師，我小時候曾經想過，希望媽媽不是學校老師，而是在市場裡賣魚的魚販。」

多英小姐啜泣著，她的臉上明顯有著小時候被母親拒絕、縮著身體獨自哭泣的十歲小女孩神情。有一次，她為了做好吃的煎餅給媽媽吃，放學後沿路採集了一堆艾草，開心返家；然而，她的母親不僅沒有看見女兒的這番心意，甚至還責備她為什麼採那麼多雜草回來，最後在女兒面前無情地將那坨草一把扔掉。當那坨艾草（不，是雜草）在她面前瞬間散落一地時，年幼的多英小姐當場傻住了，她害怕看見母親生氣的表情，所以選擇低頭不語，她那雙稚嫩的手因為摘艾草而沾著泥土，也有被銳利的小石子劃傷的痕跡，指尖還隱隱刺痛。

二十五年後的今天，她已經是一名育有五歲兒子的母親，她的小孩尤其熱愛大自然，曾經還在森林裡撿拾各種素材，替媽媽準備一桌豐盛菜餚。當時她兒子用大片的樹葉鋪在地上，把撿到的三顆橡實、一把泥土、五片銀杏樹葉放在上頭，再遞了兩根細長樹枝給媽媽，當作筷子使用。多英小姐對兒子表示：「謝謝你，我要開動囉！」然後拿起那雙

樹枝筷子，就在這時，她突然沒來由的潸然淚下，她急忙擦去眼淚，深怕被兒子發現，好在兒子一直沉浸在挖土的遊戲中，絲毫沒有察覺媽媽有異。

多英小姐從小就是個特別喜歡母親、想要得到母親認可的孩子，她有很長一段時間怨恨母親，因為母親總是拒絕她、不願意聆聽她說話，但她還是為了尋求母親的愛與關注而孤軍奮戰。她為了得到母親的認可，認真讀書，到一間像樣的公司上班，嫁給父母都滿意的女婿，然而，她依然只有得到母親的責怪與叨唸。多英小姐的母親不論女兒做什麼事情，都一定會用自己的角度去做評斷、批判，而非鼓勵或感到好奇。

也許是因為母親的緣故，原本活潑開朗的多英小姐，不知從何時起變得愈來愈意志消沉，一直注意別人的臉色。不管去到哪裡，她都會擔心別人對她的評價，也害怕被人指指點點，所以總是繃緊神經。就算有人主動靠近，她也會先懷疑對方的意圖或認為其居心叵測，而非敞開雙臂歡迎。每次只要小朋友學校有媽媽們的聚會，她也會藉故不參加，在公園遊戲區總是板著一張臉或者低頭滑手機，示意其他人別來打擾。

當我們在隱藏自己或者否定自我時，內心會湧現一股不舒服的感覺，如果做著違背心意的舉動，身體也會傳出信號，像是頭痛、肩頸痠痛、心臟快速跳動、手抖，或者內心突然燒起一把無名火等。

初次與多英小姐在諮商室裡相見時，她看上去有點緊張，也可以明顯感受到她有著一股沒來由的怒火，像隻刺蝟一樣豎著滿身尖刺，甚

怕遭受評價或攻擊；但她內心那把無名火，感覺參雜許多複雜情感，我的直覺告訴我，應該是「悲傷」。

很多時候，憤怒是為了掩蓋其他真實情感而顯現，我們不妨以中年男子下班後回到家的情形為例——他的妻子正晾著剛洗好的衣服，頭也不抬地問先生：「回來啦？」孩子們都在各自的房間裡打電動，連探頭出來迎接都沒有，這名男子感覺自己在這個家一點地位也沒有，最後實在難以壓抑內心怒火，忍不住咆哮：「家裡怎麼能亂成這副德行！簡直跟垃圾場沒兩樣！」

其實這名男子一回到家，第一個出現的情感並非「生氣」，而是妻子和小孩都沒上前迎接他的委屈、失落或悲傷，但是絕大部分的男人都會將悲傷、失落的情感隱藏起來，取而代之的是用怒火來表現；當然，這絕非出自於刻意要這麼做，而是經過長年累月習得的潛意識行為。

我幫多英小姐進行了四個月的諮商以後，才了解到原來在她內心深處有著埋藏已久的悲傷與失落。少女時期的她，有很多事情想要與母親分享，想要一起玩扮家家酒，也想要與母親有情感上的交流。她非常愛母親，也總是想要黏著媽媽，然而，母親給她的愛卻不是她真正想要的。她的母親是一名老師，對女兒極其嚴苛，經常給予處罰，也喜歡做出評論。多英小姐一直很渴望得到母親的溫暖擁抱與愛意，只可惜她媽媽完全不知道該如何關愛小孩、接受小孩的情緒。

如今，多英小姐知道了，當年她的母親並不完美，而現在的她也同樣是個不完美的母親。她也終於發現，原來在那些怨恨背後隱藏著很

深的失落、悲傷，以及對母親的愛。由此可見，只要好好認知那些被自己過度壓抑的情感，便會慢慢消失不見；但是不擅於處理情感的我們，往往負面情緒一出現，就會先急著將其壓下去再說。

如果覺得自己的內心想法與行動表現有落差，最先該做的事情是，當某種情況發生時，先想想自己感受到的「第一情感」，通常絕對不會是「生氣」或「厭煩」，我們必須先認知當下反映出來的第一情感，失落的話就單純是失落，傷心的話就單純是傷心；接下來從我們認知到的第一情感中發現自己的心願，原本想要的是什麼狀態、期待對方有什麼反應等，光是藉由這樣的方式就能幫助自己排解情緒。

切記，你的感受很可能不是對方給的，如果你的情緒是來自於期望落空，那就應該先檢視自己的內心，而非一味怪罪或埋怨對方。當你認知到自己的情緒時，內心複雜糾纏的結才會一一解開；雖然當下不可能完全脫離情緒暴風圈，但不可否認的是，對自己有幾分理解，就能在人際關係裡感到幾分舒適。

「走開！都不需要！」的背後，其實有著「拜託在我身邊，我需要你」的懇切希望，但是那份真實心聲被憤怒掩蓋，導致無法傳達，所以我們總是感到寂寞孤單。

　　　　——摘自芭貝爾·瓦德茲基（Bärbel Wardetzki）的
　　　　《你傷害不了我》（ *Nimm′s bitte nicht persönlich* ）

適當的距離

把想要隱藏的自戀
找出來

「下一站，○○大學，○○大學正門口已抵達。」

　　就讀大學二年級的美善小姐，今天依舊錯失下車的時機，匆忙慌張地按著下車鈴。她每天早上搭乘前往學校的公車時，都會犯下相同的失誤，理由很簡單：因為她戴著耳機。美善小姐有一個習慣，她喜歡戴著耳機、闔起眼睛聽音樂，雖然她總是告訴自己：「今天絕對不會再錯過下車時機！」但每天都還是得到相同結果。戴耳機聽音樂是她自從上了大學以後才養成的習慣。也因為如此，她在教授們的心目中早已留下「愛遲到的學生」印象，每到學期快結束時，她都需要四處懇求教授從寬發落。

　　她的母親不能理解女兒為什麼每天都要重複相同的失誤，甚至還曾偷偷把女兒的耳機沒收過，但是這麼做只有傷了母女之間的和氣，女兒的行為絲毫沒有改善。猶記得我初次為美善小姐進行諮商，是基於她母親的請託。她認為女兒自從上了大學以後突然變得沉默寡言，對學校課業也興趣缺缺，感覺愈來愈偏執，令她實在看不下去了，於是前來尋求我的幫助。

美善小姐除了有課的日子會出門以外，其餘時間都足不出戶。每到週末，她就會窩在家裡打電動，或者睡一整天，就是個不折不扣的繭居族。她甚至拒絕和家人一起同桌吃飯，要等家人都出門，她才會默默走去廚房盛飯，簡單配幾片海苔，隨意包一些白飯便解決一餐，那也是她一整天下來唯一吃下肚的食物。

當她打開研究中心的大門走進來時，我還以為是國中女學生找錯地方，差點要問她：「妳哪裡找？」可見當時美善小姐的體格多麼消瘦，她那骨瘦如柴的身軀，看上去十分淒涼。美善小姐刻意避開了我的視線，低著頭向我打招呼，也許是因為緊張的關係，她的額頭結滿汗珠，臉頰也脹得通紅。

她看起來有些尷尬，在陌生的環境裡不知該如何是好，於是我先主動向她道謝，感謝她特地遠道而來。我們的第一次諮商，就是這樣開始的。後來，我請美善小姐填寫諮商申請書，她填寫的主要困擾（想要接受心理諮商的關鍵原因，亦即目前最痛苦的心理問題）瞬間吸引了我的注意：

自卑感

原來她每天早上在公車裡戴耳機聽音樂，然後每天錯過下車時機導致上課遲到，都是因為自卑感作祟。因為自卑感而必須得戴上耳機？我不太能理解她的意思，於是歪頭思索；因為自卑而實在無法拿下耳機

的美善小姐，不知為何，我可以從她身上感受到一股悲傷。

「諮商師，我只要聽到公車上的到站廣播，就會感到很痛苦。」

　　她一開始還試著用雙手摀住耳朵，避免聽見到站廣播聲，但是後來覺得那樣的自己實在可笑，所以不知從何時起，她開始戴上耳機聽音樂，並且把音量調到最大，才會反覆錯失下車時機。

　　美善小姐從小就是個乖巧有禮貌的小孩，雖然沒有特別嶄露頭角的才華，但是她心地善良，做事認真負責；只不過她的哥哥和所有堂表兄弟姊妹，各個都是班上的資優生，所以才會使她總是感到自卑。正因為她們家族看待「表現優異」的標準實在太高，考大學的壓力自然成了她的內心枷鎖。聯考當天，美善小姐因為太過緊張，而沒能在時間內檢查完所有答案，自從犯下一次失誤之後，她就亂了方寸，最後甚至面臨答案卡畫不完的窘境；最終，她連第一志願的入學申請書都無緣填寫，只能進入比她平時成績還要低一等的大學就讀。

　　可想而知，美善小姐的大學生活沒有一天是幸福的，甚至就連新生始業式那天，她也以身體不適為由藉故缺席。她難以融入班上同學，整天過著孤立無援的生活。對她來說，最痛苦的事情是在公車上的到站廣播，每當廣播臺詞裡出現她就讀的那所大學名字，她就會心生自卑和恥辱，難以控制自己的心情。她對於沒能達成夢寐以求的理想感到厭惡至極，並且認為現在的自己並非真正的自己，於是開始否認所有現實。

但是當她愈否認，自卑感就愈牢牢地束縛她，最後演變成現實與理想之間的差距過大，在自卑感中載浮載沉。

許多人會在諮商室傾訴自己的自卑；我想，這世界上應該沒有人完全不感到自卑，有些只是沒有顯現出來，或者刻意把自己包裝得很不錯，隱藏住自卑罷了。也有時候，過度的自信反而恰巧反映著極度的自卑。

自卑感是因「理想自我」與「現實自我」差距過大而產生；當妳看到有人擁有你一心想要達成的成果、美麗、社經地位、人見人愛的性格或自信時，內心就會不自覺地感到不是滋味，因為相形之下顯得自己很卑微、很無能。只要理想自我與現實自我的差距沒有變小，這樣的自卑感就會一直延續到畢業後找到工作、結婚生子，甚至到死為止。

以研究自卑感聞名的心理學家阿德勒就曾將自卑感解釋為「帶著目標想要活出更好人生時會伴隨的情感」，人類因為有自卑感，所以才會追求成功與卓越，自卑感才是我們人生中不可或缺的重要元素。雖然自卑感一般都是以比較負面的意義來作解釋，但阿德勒卻用截然不同的意義來解讀自卑。

阿德勒表示，人生中面臨到的自卑感本身並不成問題，重要的是根據你如何運用自卑感，會得到全然不同的結果。如果妥善利用自卑感，將其作為成長的資源，就可以活出接近自己想要的人生樣貌；但要是沒能妥善利用自卑感，就會想要不斷隱藏自己，最終還會變成否定自我。

為了克服自卑感，阿德勒建議不要想著消除它，而是將其視為成長的動力，欣然接受它才行。要能夠承認自己的自卑感是一件非常不容易的事情，因為每個人都害怕被瞧不起，都希望可以展現最好的一面給大家看。美善小姐也是為了在家族中獲得認可而從「學業」方面下手，想要得到好成績，只是結果沒能如她所願而已。當我們懷有極高的理想卻沒能實現時，就會對自己感到失望，陷入自責。

　　美善小姐目前仍在我這裡接受心理諮商，已經進行了六個月左右，我為她安排了一段時間，可以回首過往為了得到家族認可而孤軍奮戰的自己，再把當時家人隱約流露出來的訊息，以及拿她和其他兄弟姊妹作比較時所產生的感受，一一帶回現在。經過好幾次的心理諮商，美善小姐終於領悟到自己的存在價值絕非靠他人評價賦予，一定要自己認可自己，甚至連缺點都要懂得包容才行。

　　自卑感裡其實存在著各種心理需求，諸如：想要得到他人的認可與愛意、想要成功、想要更疼惜自己等，如果你想要克服內心的自卑，就必須先看清楚隱藏在自卑感背後的心理需求，然後承認它、接納它，真正的變化才會正式發生。

我們的弱點也許會給我們提供一種出乎意料的助力。
　　　　——威廉・詹姆士（William James，心理學家、哲學家）

一、 我對於哪些方面會感到自卑?

二、 試著回想第一次感受到那份自卑感是在什麼時候?

三、 隱藏在自卑感背後的心理需求是什麼?

四、 寫一段想要對那份自卑感說的話(以對話形式)。

第 5 章

如何愛上不完美的
你和我

承認每個人都
不甚完美

「她不完美，你也不完美。人們總是認為，有瑕疵是不好的，其實不然，那才是好東西，能選擇讓誰進入我們的世界。不完美的兩個人在一起才是最完美的組合。」

　　　　　　　　　——摘自電影《心靈捕手》（*Good Will Hunting*）

　　如果拿小時候的我和現在的我相比，會發現有一件事情不一樣了；以前的我要是看到和我有著不同想法的人，或者有人做出有違常理的舉動，我都會感到訝異甚至莫名憤怒，心想：「這人到底是怎麼了？」但是如今，我可以從容地接受這種情況，告訴自己：「他應該是有自己的理由，使他不得不這麼做。」比起去理解對方，我更想尊重對方既有的樣子。

　　過去我經常以自己的標準去判斷甚至矯正他人；然而，這麼做所費的時間與鬥爭往往使我和對方的關係惡化，最終也把我自己搞得身心俱疲。厭惡對方的那份情感也會回到我身上，使我更加痛苦。當時，我切身體會到：「討厭某人時所產生的負能量，最後依舊會回過頭來折磨自己。」這句話是千真萬確的事實。

真正告訴我「如何尊重對方既有樣貌」的人其實是我老公，我非常感謝他。至今已累積諮商經歷十年的我，接受過四年以上的教育分析（為了解決諮商師個人問題，需要接受其他諮商師的諮商），為了具備身為諮商師的專業，也很認真進修。在過去那段歲月裡，我遇見了非常棒的教授以及為我開啟新學習道路的指導者、幫助我面對自身問題並深刻反省的諮商師，但是真正使我成為一名好諮商師的關鍵人物，是我老公。

　　我老公是個從來沒有研究過心理諮商的人，對於人類的本性、精神世界也漠不關心，工作繁忙的時候他雖然會備感壓力，但基本上都是心情平穩、鮮少有情緒起伏的一個人。在我們剛結婚的時候，偶爾也會起口角，但大多數都是因為我想要糾正他的行為所導致。他完全不會干涉我起床時間多晚、在外見朋友、讀書、買衣服，也不會想要糾正我或者改變我，而是尊重、接納我既有的樣子；除了會牽涉到健康或危險的事情以外，他幾乎都尊重我的意願。

　　然而，我卻基於家人、夫妻的名義，想要掌控對方的行為。最終，我發現自己所做的那些努力，其實都是毫無意義且徒勞無功的，因為別人是我無法改變、也不應該想方設法去改變的對象。我之所以會想要改變他人，是來自於內心最原始的焦慮；因為我一定要控制住對方才會感到心安。明明焦慮不安的人是自己，卻需要靠控制他人來安撫自己內在的焦慮，那是一種下意識會出現的行為。

　　想要控制媳婦、凡事都要插手干涉的婆婆，也許心裡也有著害怕

自己會失去存在感，或者變成一個人孤伶伶的恐懼；而當她沒有面對恐懼的勇氣時，自然會下意識地藉由控制眼前的某人，來安撫內心一波未平一波又起的焦慮。然而，最終都還是要自行尋找焦慮不安的根源，好好面對處理才有辦法解決。

我透過數年來的心理學研究，一一克服了內心的焦慮與恐懼，也有了全新的視角去看待他人。過程中，我的老公發揮了最關鍵的角色，他讓我體會到這輩子前所未有的經歷——全然接受我既有的樣子，那不是稱讚，也不是批判，而是「不帶任何主觀意識地看待我本來的樣子」。

要是只有在表現良好時獲得稱讚（得到存在認可），表現不佳時受到指責，那麼最終不論表現好或不好，都會走上不幸的道路。因為如果表現好，就會被「一定要繼續表現好、得到認可」的強迫觀念與焦慮折磨；萬一表現不好，就會身陷自責感中，怪罪自我。雖然一開始是被別具意義的他人所給予的評價左右，但最終還是會把自己評為一無是處的人。

如果你也對周遭評價敏感、總是想要獲得他人認可，那麼你缺乏的是「受人尊重既有樣子」的經驗。前來找我做心理諮商的來談者們，經常在我面前侃侃而談，除此之外，我們也沒特別做什麼療程，但都會發現自己已經脫離過去困擾糾結的問題（焦慮、憂鬱症狀等），令他們感到不可思議。但其實我也只有仔細專注聆聽他們的故事，沒特別做什麼事情。所以究竟是什麼秘訣，使他們的症狀好轉、治癒了他們的心靈？

答案是：「接納既有的樣子」，我沒有用道德倫理或價值判斷等衡量尺來看待來談者，而是努力將對方視為獨一無二的個體。即便是對孩子咆哮完以後跑來諮商室裡向我哭訴的母親、咒罵主管三字經整整一小時的上班族、出入精神科五年多還吃了抗憂鬱症藥來找我的中年男子，我都是用平常心看待他們；因為每個人一定都有不為人知的故事，沒有人是完美無瑕的，更何況我也沒有評價他們的權力，我只是一面鏡子，讓他們可以看見自己既有的樣子罷了。

　　長期接受心理諮商的來談者，會在諮商室裡經過一段「培育」之後重返世界；他們透過心理諮商師，體驗到從未在父母身上感受過的「接納既有的自己」，並且再度將這樣的美好經驗傳遞給周遭其他人。他們會努力接納孩子與生俱來的樣子，對身邊的人也會變得愈來愈寬容。他們會對別人的傷痛感同身受，也會了解到每個人其實都有不夠完美的一面。從這樣的角度來看，心理諮商是重新培育人的過程，也是一條能使人格變得更為成熟穩健的道路。

　　尊重與包容最終會使人改變，承認自己本來的樣子，用平常心看待對方原本的樣子吧！不完美可以使人拉近距離，還能在那份不完美中萌芽出愛情。我與他，都只是一樣有瑕疵的人。

適當的距離

幸福的放手，
使彼此都得以自由

「斷念」這個詞，其實隱含了「辨明真相後的達觀」的意思。確實
明辨事物真理並有所定見，就能有所取捨。

——摘自岸見一郎、古賀史健合著的《被討厭的勇氣》

　　身為一名治療人心近十年的心理諮商師，我觀察到許多人之所以
內心飽受折磨，是因為做不到「放下」。放下看似簡單，實際去做卻很
困難，難以放下的那份心裡其實隱藏著「貪心」，雖然有些是為了達成
夢想而不願放棄的「積極正面型貪心」；但有些卻是設定了一個不切實
際的目標，不斷折磨自己，或者想要按照自己的意思控制別具意義的他
人（大部分是家人或者戀人），這種「病理型貪心」就會讓我們在某件
事情上鑽牛角尖。

　　想要把另一半或子女改造成自己希望的樣子，這種心態也是屬於
「病理型貪心」；我們會期望對方有所成長是理所當然的事情，但如果
是想要改變對方，則純屬個人貪念。比起承認對方原本的狀態，我們更
容易期待對方「要是可以這樣做就好了……」或者試圖控制對方的思維
及行為，只因為自己不滿意對方目前的狀態。但就算是再親密的戀人或

家人，也不可能變成我們想要的樣子，他們不可能按照我們的期望行動，行為也不可能有所改變。

有時會有家長前來找我做心理諮商；他們通常是家中育有青少年子女的父母，多數是為了孩子的課業問題、交友問題、社會化問題、未來出路等問題操心，想要尋求我的建議。而同樣為人母的我，雖然可以充分理解他們的心情，但是另一方面也感到非常惋惜，因為心理生病的家長實在超乎想像得多。心理生病的孩子身邊，有著心理生病的父母，那些孩子明明正值熱血青春的年紀，卻被只重視成就的社會以及家長無止盡摧殘。

一名每天接送國中生孩子去首爾大崎洞補習街補習的母親，曾向孩子班上同學的媽媽表示自己的小孩補習補得太痛苦，所以想要停止，結果沒想到那位媽媽抓著她的手說：「○○媽媽，再忍耐一下吧，媽媽要狠下心來，孩子才有辦法撐到最後啊，這是一場身為母親的意志力戰爭啊！」

我聽完她這麼一說，彷彿吞下了一百顆麻糬般感到胸口一陣悶。雖然有可能是因為我對現今教育實況沒有太深入了解，但我實在不曉得做那麼多努力最終到底是為了什麼；另一方面，我也很好奇那些家長的想法。那些望子成龍、望女成鳳的父母，以及那些為了達成父母與社會訂定的目標而搭上天空之城列車的孩子們，他們究竟是否幸福？他們是不是也心知肚明，這麼做不一定保證能成功；但至少先和大家一起搭上這台列車才感覺安心，所以才會想盡辦法擠上這台車？當然，不可否

認，這台列車上一定也有親自設定好未來出路與目標、自動自發用功讀書的孩子；但大部分學生都還未確立自我定位、根本不曉得怎麼做才是對的、哪些事情適合自己，就任由大人們擺布，相信父母或社會告訴他的就是正確答案，然後隨波逐流。

會來找我接受心理諮商的青少年，大多是一直在往某個方向努力邁進，卻赫然發現自己內心有某處受損故障，所以前來找我諮商。人類只要失去自我，身心就會開始發出紅色信號，那是在告訴自己「不應該是這樣」的危險信號。這段時期也許會經歷親子之間激烈的摩擦，家長也會抱怨只有自己家的孩子很糟糕、很笨拙，其他家的孩子都很乖，爸媽要他做什麼就做什麼，甚至沒叫他做他也會主動做兩、三倍。由此可見，家長的標準永遠都是隔壁鄰居某某某的小孩，乖巧懂事又上進。

其實我很希望真正前來找我諮商的不是那些孩子，而是他們的家長；因為促使孩子們變成「人生不適應者」的人是家長，他們扮演了至關重要的角色。事實上，有很多案例是只有父母接受心理諮商，孩子沒有一起接受，情況卻自行好轉。每當我在為家長進行諮商或教育時，都會與他們談「貪心」這件事——到底有什麼事情是不論如何都絕對不能夠放棄的？並針對那份貪心的背景進行交談。我之所以要向家長們做出這些提問，是因為很多時候父母自身的缺乏會促使內心產生貪念，那份貪念又會使孩子們生病。

父母過度的貪心會使孩子失去本性，孩子們其實已經擁有與生俱來的天賦，父母卻不深入觀察，老是忙著看別人，感覺其他人的東西比

較好，自己的東西就一文不值；看著別人家的孩子會覺得自己的孩子落後於人，於是不斷把自己的孩子逼向死角，叫他們要飛得更高、更遠，這就是當今家長的寫照。雖然看著孩子痛苦，家長們也會感到納悶、不捨，但還是停不下來；因為人的慾望無窮，永遠沒有滿足的一天。

年近四十之後，我開始領悟到自古以來大人常說的「絕對不能放棄」並非恆古不變的真理；有時其實也可以選擇放棄，有些事情甚至必須放棄。放棄不等於失敗，而是另一種選擇。放棄是放過自己，讓對方自由。我們會在關鍵時刻選擇放棄，所以更知道什麼是重要、珍貴的。也許放棄是回到「本質」的明智之選。

放棄是選擇的另一個名字，因為選擇了這一個，勢必就得放棄另一個。

一、 如果有一件事情勢必得選擇放棄，那會是什麼？

二、 其原因為何？

三、 放棄那件事情以後，你會獲得什麼？

練習相識，
進而理解

愛使他脫出孤立與隔離狀態，然而仍舊允許他是他自己，允許他保留他的完整性。在愛之中，這種令人困惑的事情發生：兩個人變成了一個，但仍舊是兩個。

——摘自佛洛姆（Erich Fromm）的《愛的藝術》

（*The Art of Loving*，志文出版，1969）

如果有人問：世界上最困難的事情是什麼？我第一個想到的答案絕對會是「愛」。我們從未學習過如何去愛，只能透過親身經驗得知如何與人談戀愛，所以總是懵懵懂懂、跌跌撞撞。戀人之間的愛、夫妻之間的愛、親子之間的愛，雖然愛的對象和型態都不盡相同，但情感屬性卻沒有太大差異，最基本的都會好奇對方、想要與對方交心、得到對方認可。

然而，大部分人會希望對方可以更了解自己的內心想法，也更願意配合自己，一旦對方讓自己感到失望了，就會口出惡言，把自己放在受害者的立場大吐苦水。這其實都是因為不擅於處理「關係」所致。

史派克・瓊斯（Spike Jonze）的電影《雲端情人》（*Her*），講述

適當的距離

著一名不擅長處理愛情與關係的代筆作家其人生與愛情羅曼史；在這部電影裡，會出現一名尤其對愛生疏的男子，他叫西奧多，他總是希望對方可以主動察覺自己的內心狀態，以所有格（her）而非主格（she）來看待對方。

主角西奧多是一名專門替客戶書寫私人信件的代筆人，幫助那些不擅於表達內心情感的人發聲。雖然寫信是溝通方式的一種，但畢竟不會即時看到對方的反應，所以比較接近獨白，甚至就連對方閱讀完以後會有什麼表情都難以預料。對於西奧多來說，別人就只是展現自我情感的「對象」，而非交流情感的「關係」。

他與從小到大朝夕相處的妻子凱薩琳已經分居一年，但他還是無法在離婚協議書上蓋下同意印章。沒有妻子的日常令他感到十分陌生，他經常看著窗外夜色，安撫寂寞空虛的心。某天，西奧多看見了一則有趣的廣告：

「這是世界第一款人工智慧作業系統，她會聆聽你說話、體諒你、了解你，她的名字叫OS1。」

過著孤單日子的西奧多，在偶然的機會下安裝了OS1，並遇見全新的世界。他的人工智慧作業系統「莎曼珊」會逗他笑，和前妻凱薩琳截然不同，那是一台全心全意只專注在他身上的機器，不，是女人。而且她還會理解人類的行為和情感，擁有不斷學習精進的能力。莎曼珊學

習如何去愛一個人，並與男主角西奧多愛得濃烈，展現出比人類更具人性的一面。

「我已嚐盡人情冷暖，不再有多餘的情感。」

這是西奧多對人工智慧作業系統莎曼珊說過的話。當我們在關係中受盡折磨、情感受傷時，會藉由麻痺自己的情感來保護自我，那是一種無感狀態。不知從何時起，我們已經不再看著彼此的眼睛對話，取而代之的是用聊天軟體或社群網站溝通，甚至覺得這樣更為方便舒適。電影中西奧多的無感狀態，簡直就是這個時代下的我們的寫照。

雖然這部電影乍看之下像是在講述人工智慧作業系統與人類的羅曼史，但實際上是在展現西奧多與莎曼珊在關係中互相學習成長的過程，即便莎曼珊是人工智慧作業系統，也依舊不停學習人類的心理、了解情感，所以不會單方面隸屬於西奧多，而是逐漸找到自己的存在感。

隨著莎曼珊習得愈來愈豐富的情感，西奧多再度因為需要和一個全新的個體維繫關係而感到痛苦，然後他終於有所自覺，原來至今一直都只希望對方可以無條件配合自己的情感，將對方視為自己的所有物。最終，他領會到愛並非占有，而是彼此相互配合。

談戀愛初期，總是會想要時時刻刻黏著彼此，但是隨著交往時間拉長，感情逐漸穩定，就會自然回到各自原來的位置。擁有健康自我的人，可以在「分開」或者「在一起」中自由轉換；反之，則會出現對愛

適當的距離

人過度執著或分離焦慮的症狀。

我們在談戀愛的過程中，最常犯的失誤之一就是想要透過對方來彌補自己的內心缺陷，而且往往是下意識出現的行為，所以自己也不容易察覺。這樣的愛情絕對不可能長久，一定要先將自己內心的空缺填補治癒好，才能擁有一段健康的戀愛。

雖然愛情會使我們受傷，但我們也會不斷對某人感興趣、愛上對方，會想要與感興趣的對象情感交流，也會想要從中獲得心靈安慰，透過心愛的對象確認自己。因此，愛情是過程，並非結果，那是一段回顧內心缺乏什麼、了解自己真正想要什麼，以及發現自己究竟是個怎樣的人的過程。

我和他都是同樣不完美的人，彼此都在學習如何維持關係、相愛，與其用一把完美尺去衡量對方或自己，練習彼此相識、理解，並藉由這樣的過程體驗幸福感，才是我們談戀愛的終極理由，不是嗎？

把厭惡昇華成憐憫

看不順眼的幾件小事，就像櫃子背後的灰塵一樣，會慢慢累積成一坨，最終，那份厭惡就會擴大到連吸塵器也難以吸乾淨的地步。

——摘自益田米莉的《不論如何都還是討厭的人》

（どうしても嫌いな人 す‐ちゃんの決心）

回顧過往，我是一個很容易討厭人的人，只要和我性格不合、觀念不同，就會令我感到渾身不自在，甚至產生敵意。我會盡可能避免與對方身處在同一個場合，也會劃清界線，避免非必要的談話。但是隨著敵意與厭惡感愈漸加深，那份負面情感也開始朝我反撲。愈是討厭對方，我的內心就愈覺得痛苦，於是我領悟到：

「討厭某人，最終會使自己加倍痛苦。」

在我領悟這一點之後，我開始不再去討厭人或者道人長短。當然，我還是內心自有定奪，也會有感到不舒服的時候，並非完全感受不到厭惡之情；但是相較於從前，我不會再單看對方的言行去判斷一個人，而是努力去揣摩對方的心意，會將對方的言行視為一定有其不得不

這麼做的理由。

許多人來諮商時都會向我抱怨：「諮商師，我實在不能理解那個人為什麼要這麼做。」通常我會反問他們：「那你有做過哪些努力去試著理解他呢？」我會如此反問並不是為了質疑或者反駁他們，只是單純希望他們可以重新回想，自己是否真有想要理解對方、努力理解對方過？

尤其在進行夫妻諮商時，這種情況更是常見。太太對疏於照料家庭的先生感到不滿，怒火中燒；先生則是對每天只會嘮叨不停、一點也不體貼的太太感到失望。聽著他們訴說各自的委屈，不禁覺得兩人的爭吵不會有終止的一天。於是，夫妻倆在諮商師面前各說各的，都主張自己說的話有理，最後甚至望向我，希望專家可以成為「審判者」，判決眼前情況並裁定出誰對誰錯；唯有如此，這一回合的爭吵才會宣告結束，而且輸的人一定要是對方才行。

為了避免無端坐上審判者的位子，不論是在進行夫妻諮商還是伴侶諮商，我通常都會將兩人拆開來分別進行一對一諮商，這次先聽聽太太的立場，下次再與先生聊聊他的立場，聽完雙方各自的立場以後，其實會發現兩個人都沒有錯，兩人的立場我也都能完全理解。太太認為自己顧小孩顧了一整天，已經夠累的了，好不容易盼到先生下班回家，先生卻完全沒有給予安慰或鼓勵，所以自然生氣、失落；先生則認為自己已經在外面看了一整天主管的臉色、陪笑臉，累了一整天，回到家只想好好放鬆休息，太太卻一直吵著週末要一起出遊，所以才會感到厭煩生氣。

其實誰比較辛苦、誰比較累都不重要，承認對方的辛勞，並向對方說一句：「你應該也很累吧。」會遠比計較彼此的錯誤來得更為重要。如果對方會主動先看見我的辛勞、認可我的付出，那自然是再好不過的事情，只可惜大部分人都不擅於說出這種話，甚至會刻意逃避或含糊帶過。然而，如果連這種小小的努力都不願意嘗試，彼此之間的感情鴻溝就會愈來愈深，對彼此的不諒解也會日漸增大。

其實，只要認可對方的處境與心意，就不會有那麼多的爭吵產生，我們卻老是做不到，用一句「我本來就不是會說那種肉麻話的人，所以不要有所期待」打發對方。期待對方可以完全配合自己的想法其實是很自我中心的，如果有不會的事情就要學習，並且多番嘗試才對。除此之外，有些人會抱怨對方都沒做任何努力，為什麼只有自己需要努力，但這對解決問題毫無幫助，假如絲毫沒有想要認可對方的意思，那麼，不如換個方向讓自己的情感不因對方而受傷。

討厭某人的那份情感，最終一定會像迴力鏢一樣回頭折磨自己，如果想要獲得內心平靜，就必須試著努力將厭惡感昇華成憐憫之情；對方的傲慢、以自我為中心、攻擊性等，也許都是他過去為了保護自己所發展出來的一套生存方式，對方一定也知道這些特質對於人際關係會造成傷害，只是無法一朝一夕說改就改罷了。而你要做的事情只有選擇，儘管對方如此，是否還要繼續與他一起生活，或者選擇放手，讓自己的人生不再受對方影響。

一、 請寫下使你感到痛苦或厭惡的對象姓名。

二、請寫下和他（她）的關係中，有哪些是可以改變及不能改變的事情。

可以改變	不能改變

三、 請寫下討厭他（她）能獲得哪些事物、會失去哪些事物。

獲得的事物	失去的事物

其實今天的表現
已經十分耀眼

「現實是有諸多不如意，但是生活就是由不如意所構成。如果你想留在這裡，那麼這裡就成了你的現在。然後過不了多久，你就會開始想像另一個時代。回到過去根本不能解決任何問題。」

——摘自電影《午夜‧巴黎》（*Midnight in Paris*）

　　一名男子沒有撐傘，獨自走在下雨的巴黎街道上，雨下個不停，天色也已昏暗，他繼續漫無目的地走著。電影《午夜‧巴黎》講述著一名男子在現實生活中徬徨無助，藉由穿越時空回到嚮往的過去。

　　來自美國、身為好萊塢編劇的男主角吉爾，暗自許下一份心願——總有一天，一定要寫出一部自己真正想要的浪漫藝術作品。他正在寫一部關於「懷舊商店」的小說，看得出身為編劇的他，非常懷念藝術的全盛時期。二十一世紀的現在，雖然衣食無缺，可以享受各種文化，但是他所嚮往的「浪漫」卻不復在。

　　於是某天，吉爾和未婚妻艾尼斯以及她的家人一同前往巴黎出差，並遇見他心目中理想的世界。有別於吉爾整個人沉浸在巴黎的藝術情懷中，現實且物質主義的艾尼斯則是忙於血拚購物，他們因為這樣的

適當的距離

獨處時寂寞，與人相處又不自在，人際關係不疲累的暖心練習

差異而起衝突。正當艾尼斯在享受與友人們的紅酒聚會、勁歌熱舞時，吉爾獨自走在巴黎街頭。走著走著，他迷失了返回住處的方向，他坐在一棟有鐘塔的建築物下，默默看著空無一人的街道。這時，午夜的鐘聲從某處傳來，一輛古董車開到了吉爾面前停下，他被一股奇怪的力量吸引，坐上了那輛古董車，從此便展開了一段時空穿越之旅，帶他重回一心嚮往的巴黎全盛時期。

吉爾在另一個時空中遇見了撰寫《大亨小傳》（*The Great Gatsby*）的小說家史考特・費茲傑羅（F. Scott Fitzgerald），以及二十世紀美國文學界傳奇人物海明威（Ernest Hemingway）、立體派畫家畢卡索（Pablo Picasso）、作曲家科爾・波特（Cole Porter），以及超現實主義畫家達利（Salvador Dail）等，當代最具代表性的偉大藝術家們。他對於眼前看見的景象感到不可思議，嚇得目瞪口呆，並認為1920年代才是他真正嚮往的「黃金時代」（Golden Age），甚至想要永遠停留在那個時空裡，不再重返現實。

電影主角吉爾從此展開往返現實與理想的旅程，並從中尋找自我。在這樣的過程中，他也遇見了命中注定的對象，與對方墜入愛河，但是最後經歷分手，並透過穿越時空之旅，意識到過去一心嚮往的時代，在自己的真實人生中可能不一定就是所謂的「黃金時代」。穿越時空後遇見的那名心儀女子，對於吉爾來說，就是幻想中的一面借鏡。

導演透過電影，似乎是想要呈現主角的黃金時代並非過去，而是現在。透過男主角經歷的愛情，展現出該角色的各種面貌。最終，吉爾

找到的是現在這個時代感受著愛與幸福的自己；而不是懷念過去、對過去滿懷憧憬的自己。

事實上，現實生活中的我們也和電影主角吉爾沒什麼差別，也和他一樣緬懷過去、不滿意現狀，有些人還會否定現實，懷念過往人生的全盛時期，也就是所謂「吃得開」的時候。我有個好閨密，偶爾會把婚前的自拍照、歐洲自助旅遊時拍攝的照片，或者在棚內拍攝的婚紗照放在部落格網頁上，藉以懷念過去。她現在已經是育有兩名兒子的母親、平凡的家庭主婦，週末就算帶著孩子去兒童遊樂園、景色優美的好地方，她也只會幫孩子們拍照，從不拍自己。自從當了母親以後，她就變得再也不想照鏡子或拍照。

在我的來談者中，有許多人因為過去的自己和現在有極大落差而心理難受，明明也是畢業於人人稱羨的名校，在條件優渥的環境中長大，但是出了社會以後卻只是個任人擺布、利用的「勞工」，他們至今仍舊困惑：

「我過去的埋首苦讀、搶破頭也要擠進知名大學，難道就只是為了過這樣的人生……」

回憶過去固然是好事，但是如果一直停留在過去、無法接受現在，就會對現在的自己毫無幫助。要是過去曾經有過一段輝煌時期，現在就會有著歷經歲月成長蛻變的自己。執著過去，只會使自己停留在毫

適當的距離

無長進、消極無力的狀態而已。

　　各位不妨環顧一下周遭，看看自己正在某個圈子裡工作、賺錢，偶爾還能享受獨自喝杯咖啡的悠閒，或者有個無比珍貴的寶寶在自己身邊，有間坪數不大卻無比溫馨的小屋等；這些都不是理所當然之事，而是值得心懷感恩之事。幸福不是只有達成某項偉大成就或者爬到人人認可的位子才能享有，珍惜並感謝現有的一切，才是真正的幸福。

　　整天抱怨自己的人生是一場不幸的人，也許是因為不懂得知足，當你不停與人比較、永遠不滿足時，就算擁有再多，也未必幸福。切記，人生的黃金時代就是現在，此時此地（Here and Now）。

CHECK

一、 請寫下今日想要感謝的五件事。

1		
2		
3		
4		
5		

二、 請寫下今天我能做的一件有趣的事。

適當的距離

　獨處時寂寞，與人相處又不自在，人際關係不疲累的暖心練習

第 6 章

拉近與自己的距離

為什麼我的情感
如此不受控？

「叮咚！」
「叮咚！」

　　進行完上午排定的諮商以後，我一打開手機，訊息通知鈴聲就響個不停，我隨意看了幾眼，便準備進行下一場諮商；正當我把手機闔上的那一瞬間，一封意義深長的訊息引起了我的注意，那是認識二十年的好友傳來的。

「素媛，我到底該怎麼辦？我很愛他，但好痛苦，感覺像是有人緊緊勒著我的脖子一樣難受。這應該不是愛吧？難道是我錯把執著當成愛？」

　　她正在和一名新對象交往中，兩人相處在一起時，她是世界上最幸福的女人，但是只要一分開，孤單寂寞感就會排山倒海而來，這使她十分痛苦。基於尊重對方，她努力讓自己保持在適當的距離表達愛意，但其實內心十分煎熬。她一直希望可以從對方身上獲得想要的

愛，而對方卻毫無察覺，一直以自己的方式對待我這名朋友。認為相愛容易相處難的這位朋友，這次依舊在心裡與自己拉扯，談著辛苦的戀愛。其實最令她感到辛苦的，是難以控制自身情感的無力感，而非對方的態度問題。

可見人類的情感是極其強烈、難以控制的，就連從事療癒人心工作的我，也經常會面臨情緒調節失敗的情況。我們的情感往往是在無意間產生，尤其是一般被視為負面的那些情感（焦慮、憂鬱、恐懼、憤怒等），愈想控制住就愈一發不可收拾。通常人們在發現內心產生這些負面情緒時，會選擇逃避面對或者強迫壓抑，而非認知接受；因為在自我受到威脅的情況下，會啟動心理防衛機制（Defense Mechanism）來保護自己，避免受到情感傷害。

當我們在一段親密關係中產生焦慮不安的情緒時，會因為沒有勇氣面對而刻意轉移注意力試圖逃避；但是儘管如此，負面情緒還是會馬上侵入我們的心靈，折磨我們，而我們也總是絞盡腦汁地想著要如何逃離這種情緒。

我們到底在害怕什麼，為什麼要逃避面對內心情感？難道我們早已在不知不覺中學會，只要遇見令人畏懼的情感，就要先逃再說？

沒有安排諮商的日子，我偶爾會寫詩（雖然分不清那是詩還是簡單的心情小語，但姑且還是稱它為「詩」吧），在我寫的詩當中，有一首

適當的距離

標題叫作「情感沒有倫理可言」，內容是在講述用倫理這把尺去衡量情感是沒有意義的；它只是個人心情，我們無計可施，那不等於自己，只是潛意識在開的小玩笑罷了。情感不分對錯，喜歡某人、討厭某人、害怕某些事，都只是內心一時掀起的波瀾，一點也不需要把它當成是不好或不該出現的東西。

然而，許多人還是會用倫理尺去衡量自身情感，「有這種情緒是對的」、「有這種情緒是錯的」，甚至不只衡量自己，還會拿來衡量家人、朋友、伴侶、子女，評斷他們的情緒是否具有正當性。

其實我們從很小的時候就被教育焦慮、恐懼、厭惡這些是「不該存有」的情感。當然，要是你的身邊一直都有一名親密對象願意接納你的情緒，那麼，你應該能夠擁有坦承面對自身情感的能力。

精神科醫師兼作家金昞秀就在其著作《情感的溫度》中提到：「情感其實是我們內心的溫度計」，是會有高低起伏的；但是實際上我們並沒有這種測量情感的溫度計，如果不培養感受自我情感的能力，就會連自己的感受都認知不了，最終變成情感封閉的人。培養「感受的能力」才有辦法了解情感，當我們誠實面對情感時，人生才會變得更為豐富。

已經研究人心近十年的我，也非常認同他的這番論點。前來找我做心理諮商的來談者，往往也都是因為憂鬱、焦慮、憤怒調節困難等問題而來，我明顯感受到他們對於用言語表達自身情感這件事很困難，而且經常在認知情感之前就先選擇逃避。因此，每當我遇見為情感所苦的來談者，都一定會先告訴對方：

「情感沒有對錯之分，你會有那種感受，表示那件事情對你來說就是那種感覺。」

　　因為我知道，他們內心有著「不應該有這種情感」的認知，而我只是想要透過「情感的正當化」（認可他們會有這種情感乃人之常情）來使他們感到安心。其實光是有個人在一旁告訴我：「當然有可能產生那種感受，沒有關係。」就足以使那些困擾自己已久的情感消失殆盡。愈想要把那些情感往外推，它們就愈會黏著你不放；好好承認、接納它，它反而會慢慢消失不見，這就是情感。所以其實到頭來看，情感似乎也是個有生命的東西。

　　如果現在的你，正在為某個特定情感煩惱，記得最先要做的事情是，不帶任何主觀意識地去觀察那份情感。你必須仔細端詳感受到的情感究竟是什麼，要是不容易透過語言表達，不妨試著將其畫在紙上，或者講出身體感受到的知覺；重要的是，承認自己正在感受的情感，並將其視為需要親近的對象而非敵人才行。

　　最終，你只要溫馨擁抱它，就不會被它吞噬，甚至還會讓它慢慢離開你的心。因此，不妨正視自己的情感，向它打聲招呼吧！

「哈囉！我的每一種情感，你們好啊！」

適當的距離

沒有人的人生
不需要心理諮商

　　有時我會收到大家這樣的提問：「您是研究人心、為人做心理諮商的人，那人生中應該很少會遇到徬徨或搖擺不定的時候吧？」每當我聽聞有人這麼說的時候，都會語帶淡定地回答對方：「我當然是相對比較不會搖擺不定，但也不能說完全沒有，還是會有糾結、徬徨的時候；畢竟人生是由一連串的徬徨組成。」

　　的確，因為諮商師這份職業的特性，我需要比一般人更深入研究人心及人生；但在現實生活中，我其實和大家一樣會經歷各種徬徨，就和一般人一樣，煩惱著接下來五年會在哪裡做什麼事？貸款要等何時才能還完？這條路能否一直走下去？人生中最令人難過的時候，莫過於自己已經盡了全力，眼前的未來卻仍模糊不清，也沒有任何人能告訴我該走哪條路。就算對父母、前輩、好友吐露內心煩惱，他們也未必能站在我的立場理解我，或者給予實質上的建議，因為他們也不全然了解我。需要在人生關鍵時刻擲出骰子的人，依舊是自己。

　　幾年前，我偶然聽見一首歌，那是歌手李素羅（이수라）在她推出的第七張專輯裡收錄的一首歌曲──「Track 9」，歌詞裡講述著關於自己無從選擇、只是個世界賦予的「我」，對此所產生的徬徨與孤獨感。

我在不知覺的情況下誕生，與自己相遇，
被人叫著不是我自己取的這個名字，
自從會走路、說話、學習以後，我變得不太一樣了，
開始按照自己的方式走走停停、解決問題。

世界一直在想辦法激怒我，
讓我活在理所當然的孤獨裡。

　　自己的誕生其實並非由自己所選，而是基於某人的決定下才有
「我」這個存在，而且還無從選擇自己要叫什麼名字、生活在什麼樣的
環境裡；這些確實聽起來頗為無奈、冤枉，要是能事先知道自己是誰、
是個怎樣的人再被放入這個世界，也許未來之路就會走得相對順遂，不
這麼辛苦。誠如存在主義哲學家馬丁・海德格（Martin Heidegger）所
言，不論願不願意，人類都是「被投擲到這個世界」的，只能自行找到
自己的出路。

　　現如今，各大媒體都在颳著一股人文學風潮，也許是因為在快速
變遷的時代下，有太多人煩惱自身定位的緣故；講師們當中不乏哲學
家、心理學家、精神科醫師或宗教學者，演講內容與風格雖然百百種，
但大家要傳遞的核心訊息都是：

正確了解自己。

適當的距離

獨處時寂寞，與人相處又不自在，人際關係不疲累的暖心練習

如果是二十幾歲時的我聽到這番話，可能會很納悶究竟要如何了解自己、為什麼了解自己那麼重要；但是在我從事心理諮商這麼多年後，完全可以體會為什麼正確了解自己是人生中無比重要、非做不可之事。

　　因為一旦足夠了解自己，就可以畫出屬於自己的未來藍圖，你會知道人生中有哪些價值對你來說很重要，並以那些價值為基礎，選擇未來的出路。正因為想要的人生已經很明確，所以不會配合他人的標準來選擇要從事的行業。除此之外，因為客觀了解自己擅長什麼、不擅長什麼，所以可以更有效地為自己做所有安排，透過直覺便能決定要在哪裡生活、和哪些人相處往來。最重要的是了解自己可以使我們感到開心，每個人都有不同的主觀幸福感，有些人是在運動時感到幸福，有些人則是在安靜的咖啡廳裡寫作會感到幸福；真正了解自己的人，也會比較容易感受到幸福。

　　許多人以為，心理諮商是心理方面有問題的人透過與專家對談，治療心理、讓內心變得更舒服一些；雖然這樣說也沒錯，但我還是想強調，透過心理諮商獲得的收穫絕對不僅如此。一名三十多歲的女來談者，已經在我這裡接受諮商一年，上禮拜是她最後一次接受諮商，後來她傳簡訊給我，內容如下：

「諮商師，非常感謝您幫助我，讓我放輕鬆、活得像自己、誠實面對自己，現在我終於了解自己是誰，而且我也很喜歡現在的自己。」

從事心理諮商最令我有成就感的時候莫過於此，就是在結束後收到來談者傳來的這種感謝訊息。雖然不可能完全解決內在根深柢固的問題，但至少我們會透過心理諮商發現遺忘已久的自己，並且了解到根本不需要隱藏真實的自己，也完全不需要與他人做比較。除此之外，還會找回自己本來的樣貌，而非為了展現給其他人看而刻意裝出來的樣子。

　　沒有人的人生是零徬徨的，正在寫這本書的我，同樣會為了讀者閱讀後的反應、要寫哪些內容才會使讀者產生共鳴等問題而煩惱、徬徨。我們迎來的今天，對任何人來說都是今生第一次，第一次迎接三十歲、第一次踏入職場、第一次遇見攜手終生的伴侶；因此，人生總是充滿問號。在這條滿是問號的人生道路上，能夠減少一些徬徨的方法，便是對自己了解透徹。這就好比知道自己的視力就會知道要配戴什麼度數的眼鏡，才會看得更清楚，勇敢前行是一樣的道理。對於突然被投擲到不安定的世界裡的我們來說，真正需要的是檢視自己的勇氣與理解自己的心理。

關於偉大的停止

以世界幸福指數最高國家聞名的瑞典，有著一項流傳已久的文化，叫做「Fika」，也就是在一天當中任何一個時段讓自己休息一下，和朋友、同事、家人喝杯咖啡、閒聊的休息時間，雖然乍聽之下很像是一般我們所謂的「下午茶」（Tea Time）時間，但瑞典人的Fika可不只是單純用來吃甜點、喝茶。

Fika這個單字源自暫停（Fikapaus）或小憩（Fikarast），這不是指工作或讀書進行到一半，剛好有空檔所以去喘口氣，而是比較接近「刻意的暫停」或者「回顧自我的行為」；因此，對於瑞典人來說，Fika等於是讓自己可以重新找到人生平衡的一種「儀式」。

當我第一次聽說Fika這個概念時，不能不佩服瑞典人面對人生的態度，也多少感到驚訝，因為這和韓國把停下腳步、休息視同於罪惡的文化有明顯落差。韓國的企業文化至今還是嚴格看待員工休息一事，就連表訂一小時的午休時間，也經常可見員工們狼吞虎嚥，趕著返回工作崗位，加班文化就更別提了，已經成了普遍現象。

然而，不論是工作還是讀書，人類能夠集中注意力的時間總是有限的，經過適當的休息之後，大腦才能有效接收新資訊，為了提高工作效率，也必須讓自己有充分的休息時間。

不過瑞典人並不全然只是為了提高工作效率而讓自己有一段Fika時間，他們不為工作而活，是為了活而工作。工作在他們的人生裡只占一部分，他們不會讓人生只剩下工作。他們將「平衡」（Balance）視為人生重要價值，追求工作與家庭的平衡、讀書與休息的平衡、團體與個人的平衡、理性與現實的平衡。

我們的人生其實很容易失衡，投入工作太久，就會對家庭有所疏忽；投入讀書太久，就會忘記要休息，甚至筋疲力竭（Burnout）；太過專注於談戀愛，就會鮮少有自己獨處的時間；過於追求一個人的隱居生活，就會忘卻與人共同生活在一起的珍貴。

神奇的是，身體一旦察覺生活失衡，就會透過「症狀」顯現不適，比方說，出現頭痛、胸悶、消化不良等身體症狀，或者焦躁不安等心理症狀。

我在二十幾歲還是個上班族的時候，也經常因為頑固的胃痙攣而出入藥局；有一次是在工作中突然感覺到胃整個糾結在一起，非常疼痛，就連支撐身體的力氣都沒有，最後甚至失去意識，昏倒在地。當時我一週工作六天，總工時長達六十小時以上，身體自然不堪負荷。那時候我沒想太多，只是單純看大家都如此認真工作，所以認為自己也必須這麼做，完全沒想過原來適度休息是人生中非常重要的事情。於是我的體力日漸衰退，不知不覺間也失去了笑容。我過著枯燥乏味的生活，用「大家都和我一樣」來安慰自己，使這一切合理化。

但是十年後，我的人生起了一場極大變化，我終於領悟到人生是

需要短暫停下來喘口氣的道理。所以我的諮商行程不會安排得非常緊湊，結束一段諮商以後，我都會坐在舒適的沙發上喝杯熱茶，脫下諮商師的身分，讓自己回到原來的「我」。每個星期也一定會讓自己放一天假，見見朋友、去公園散散步，或者到美術館看展覽。雖然這和瑞典人的Fika文化不太一樣，但我仍努力以自己的方式調節每天或每週的步伐，盡量讓生活和工作維持平衡。

如果有人問我，在邁向中年的過程中，我所獲得的最大領悟是什麼？那我的回答會是：維持人生協調的重要性。而且這是到死前都必須持續進行的課題，因為大部分的心理問題與內在糾結，都是起因於失衡。分析心理學家卡爾‧榮格提出的「兩極之間的協調」也是類似理論。

榮格認為，光是能認知到兩個極端之間的協調，就已經是內心成熟的過程。而且每一種相對的兩極都有著密切關聯，一個極端的命題在沒有另一個極端的命題時，是沒有辦法進行思考的；簡言之，凡事都有一體兩面，我們看到的一面背後一定有相反的另一面，就像有光的地方一定也會有陰影一樣，但弔詭的是，兩種極端面會一直一起存在，無法使其分開單獨存在。

一定要有一方，另一方才會存在，就如同不能理解死亡，就無法理解活著；不懂休息就無法繼續工作是一樣的道理。每次光靠理性思考並不一定正確，也要充分安撫好感性才能有助於自己做出更明確的判斷。身體一旦生病，心理也會跟著生病，變得難以控制身體。像這樣看

似兩種徹底相反的兩個極端，其實有著密不可分的關係，只要往某一方傾斜，就會失衡瓦解。

韓國是一個失去根本平衡的社會，有人甚至一輩子從未有過真正像樣的休息；韓國同時是一個不折不扣的工作成癮社會，也是成就導向型社會，極度重視個人成就。在這樣的社會裡，我們很難享有心理上的餘裕，也很難感受幸福。在成就導向型社會裡，如果不做點什麼事情，就會明顯感受到自己好像落後於人，所以感到罪惡，要一直不停地做些事情，才會感到安心。然而，這樣的生活並非過得充實美好，而是矇著眼睛，往沒有路的地方橫衝直撞。

現在我們需要的是「偉大的停止」，不再盲從世俗認為的不錯位置，好好調節自己的人生，培養維持平衡的能力。為了迎接全新的一天，我們一定要先就寢才行；同樣的道理，為了重新甦醒，就必須先自行停止。

適當的距離

一、 上一次用輕鬆優閒的心情喝茶或者去自己喜愛的場所是什麼時候？

二、 試著思考一下自己的人生是否有失衡的地方？

三、 把自己目前每天花費的精力事項，畫成圓餅圖。（例如：工作
　　 60%，家事10%，興趣10%，自我成長10%，家人5%，朋友5%）

四、 請按照上面的圓餅圖，重新分配比重，畫出未來想要過的日常。
　　 （可增添新項目）

適當的距離

想哭的時候
可以盡量哭

然而，我們並不必以流淚為恥；畢竟，眼淚證明了我們有承擔痛苦
的最大勇氣。

只可惜了解這個道理的人，少之又少。

——摘自維克多・法蘭克的《活出意義來》

（*Man's search for meaning*，光啟文化，2008）

我是個天生愛哭的人，也許是長期和傷心、寂寞為伍的緣故，有
時聽音樂、看書、看電影都會不自覺流淚。雖然至今還是很不習慣在別
人面前掉眼淚，但是獨自一人的時候偶爾還是會哭一下，哭完以後心情
也就會像洗去髒汙一樣變得開朗許多。

也許古希臘人早有先知，知道眼淚有洗滌淨化心靈的作用，他們
刻意創作悲傷的戲劇，在舞臺上演出，惹得臺下觀眾哭得一把鼻涕一把
眼淚；據說觀眾哭完以後，那些複雜的煩惱和情感就會一掃而空，心情
也頓時恢復平靜，哭過以後還會重拾勇氣和信心，願意重新嘗試挑戰。
像這樣的眼淚淨化作用在心理學領域稱為「卡塔西斯」（katharsis）。

其實好好哭一場，不僅可以克服心理障礙，還能讓自己跨出一

步，進入更高層次；我們卻總是將哭泣視為丟臉或懦弱的事情，尤其男兒更是有淚不輕彈。然而，從生物學角度來看，哪裡也找不到男性比女性不容易哭泣的證據，這單純只是環境影響下的結果。

最近來找我接受諮商的來談者中，有好幾位都是三十至四十世代的中年男子，他們在家中沒有可以訴苦的對象，面對公司同事或朋友也很難吐露內心陰暗面，所以他們偏好對一個和自己毫無私交的專家傾訴心底話。

這些中年男子會來找我的原因，大部分都是因為職場上的工作壓力或人際關係問題，他們在和我交談的過程中，講到激動處甚至會握緊拳頭、提高音量，為自己抱屈。他們雖然擅長隱藏表情，卻不能控制自己眼眶泛紅、泛淚。每次我在為他們進行心理諮商時，內心都會默默地告訴他們：

「其實想哭的話可以哭，沒有關係……」

當然，我始終沒有把這句話說出口，那是因為我擔心萬一這麼一說，反而會傷到他們的自尊或者害他們感到羞恥。在韓國社會裡，看待女性的眼淚相對還是比較寬容許多；男性則不然，他們就算難過或者承受委屈，也不被允許哭泣。這樣看來，其實男性在社會上是非常孤單的，下了班以後三三兩兩聚集在一起小酌幾杯，也許也是他們唯一能夠撫慰內心情感的管道。

其實不分男女，我們往往都不太能自由自在地顯現出內心真實情感。在認知到內心真實情感以前，要是有人已經拿了一把尺來衡量對錯的話，下次就算再有同樣的感受，那個人也會馬上告訴自己：「這是不該有的情感，不可以有這種感受。」而刻意壓抑；最後，這些情感就會無從釋放，不斷積壓在內心深處，進而演變成就算面對一件雞毛蒜皮小事，也會失控暴怒、口出惡言。其實凡事都是過猶不及，如果沒有留一些餘裕，就會很容易滿溢或爆炸。

就算從現在開始也好，我們要練習的一件事情就是：認知自己的真實感受。要先認知自己的情感，才有辦法表達，進而調節控制。正確認知情感這件事，其實沒有想像中來得容易，當我們在詢問對方「感受」時，大部分人會回答他的「想法」，因為鮮少有人關心過或者察覺過自己的感受。因此，如果是有情感調節障礙的人，就必須先從認知自己的情感開始練習，此時，寫情感日記會對改善有很大幫助。寫情感日記的方式有很多種，但我想向各位介紹其中最簡單的一種方法。

寫情感日記的技巧

一、 在筆記本（或手機記事本）中，將一整天發生的所有事情列成清單。

二、 寫完以後在每一件事情後方打上括弧，並於括弧內填入當下感受。

（如果你知道的情感單字不夠豐富，不妨在網路上搜尋描述情感的單字，並參考運用。）

三、 從自己記錄下來的感受當中，選出最強烈的三種。

四、 試著寫下那些感受背後隱藏的內心渴望。

情感日記範例

2018 年 4 月 2 日

天氣：白目的晴天

沒能順利升遷。（憤怒、絕望、憂鬱、委屈）

同期進公司的人當中，只有我還有另外兩個人沒能升遷。（丟臉、挫
敗、失落）

打從一開始進公司就發現自己不適合做這份工作。（無力、異類、
自責）

討厭公司裡的那群人。（厭煩、孤立）

思考著是否該趁此機會換工作。（焦慮、擔憂）

每天早晨都不想起床去公司上班。（無力、憂鬱、勞累、疲乏）

感覺像是被拖去屠宰場任人宰割。（厭倦、抗拒）

到底為什麼要加這麼多班……（勞累、疲乏）

好想過著可以準時下班享受傍晚時光的人生。（迫切）

真的是受夠了。（疲乏、厭倦）

＊最主要的三種情感分別是？<u>疲乏、勞累、無力</u>。

＊我的內心渴望是？<u>想休息，想找到適合自己的工作</u>。

　　雖然要寫這份情感日記確實有些麻煩，但它也的確對舒緩情感有很大幫助。當你內心湧現強烈情感時，就愈需要深呼吸，認知自身情感，久而久之，你會看見過去未曾發現的情感，也會成為理解自己的契機。由此可見，「閱讀自身情感」是能夠幫助你將過去一味地靠生氣或厭煩來展現的情緒，細分成各式各樣的情感，也可以協助你了解隱藏在那些情感底下的真實需求。

　　難以調節情感，是因為內心有無數種情緒混雜在一起所導致，練習釐清那些情緒，並讓自己充分停留在那樣的情緒當中，久而久之，你便會從那些折磨自己的情感中漸漸脫離，與周遭人士之間的關係也會變得相對自在許多。各位不妨也從今天起，練習面對內心真實情感如何？

一、 如果現在的你，也正在為某件事情苦惱，不妨寫寫看情感日記。

（參考先前範例）

二、 請將自己感受到的情感透過繪畫呈現。（前提是不要將那份情感視為罪惡，要如實呈現）

現在需要的是
「一句籤詩」

「月臺門即將關閉。」

　　某天，我把孩子交給老公照顧，難得要去市區見朋友。為了避免遲到，我急忙朝已經抵達月臺的地鐵狂奔，但因為是久違的外出，我刻意精心打扮，腳踩高跟，身穿迷你短裙，所以跑起來格外彆扭，無法發揮正常速度，最後，我眼睜睜看著地鐵就在我面前揚長而去。

　　「早知道就不要跑了。」我內心想著。由於跑得汗流浹背、口乾舌燥，於是掏出一張千元鈔票，放進車站內設置的自動販賣機裡，買了一罐平時鮮少會喝的氣泡飲料，大口喝下。沿著喉嚨而下的飲料感覺特別沁涼，喝下幾口之後，口腔內還留著甜膩的滋味，原本快速跳動的心臟也變得平穩許多。正當我尋找手機準備要告訴朋友會晚一點抵達的時候，我才意識到當天身穿的外套好像格外輕盈。

　　於是我急忙把手伸進口袋裡，就在那一剎那，我的腦海變得一片空白。原來手機被我遺忘在家中客廳裡，因為趕著出門而忘記攜帶，要是重新回家去拿，朋友應該就會需要等我一個小時；但是如果不回去拿手機，感覺又會在約定場所光化門廣場上找不到朋友。尤其現在是連親

密朋友的手機號碼都未必會一一記住的年代，所以就算路邊有公共電話，也派不上用場。

我坐在自動販賣機旁的長椅上，看了看周遭，每個人都健步如飛，趕著去他們的目的地；只有我和身旁的自動販賣機一動也不動。於是我轉頭看向了剛才買飲料的那台販賣機，上面陳列著各式各樣的飲料、口香糖、巧克力、能量飲，供忙碌的現代人可以依照自己喜好快速做選擇；下方則有著五顆空白按鈕，沒有販售任何商品。我看著那五顆按鈕暗自心想：

「當我遇到人生難關時，要是能像自動販賣機裡的飲料一樣，掉下一張完全適用於我的一句籤詩該有多好？」

比方說，一號是在公司被主管盯上時可以按下的按鈕；二號則是和心愛的伴侶起口角時；三號是想要換工作時；四號是每個月月光時；五號是不清楚未來要走哪條路時。我獨自想像著，也許像這樣的「一句籤詩自動販賣機」能夠為人生搖擺不定、不知該何去何從而焦慮不安的人，提供一些安慰與希望也不一定。

實際上，在法國有一個名叫Short Story Dispenser的短篇小說自動販賣機，設置在地鐵站、機場、購物中心等地方。這款自動販賣機上方有三顆按鈕，分別標示著一分鐘、三分鐘、五分鐘，按下自己想要的時間按鈕以後，機器就會吐出像發票一樣的紙張，上面印有一則所選時間

內可以閱讀完畢的短篇小說。專門寫這種短篇小說的某出版社，就是基於想要讓路人可以透過短時間閱讀一則小故事來感受幸福而企畫了這款自動販賣機，個人認為這真的是突發奇想的好點子。

要是我在法國生活，一定會趁每天早晨出門上班的路上，站在那臺販賣機前，滿心期待地想著：「今天又會給我一則什麼樣的故事，使我感到幸福？」然後按下按鈕，光想就覺得那樣上班好幸福。

從早到晚，我們不停透過網路上、私底下與人有所連結，但依舊空虛寂寞，就算是在咖啡廳裡和面對而坐的對象喝著咖啡，我們的眼睛和手也依舊忙著和智慧型手機裡的某人交流對話。當這種不曉得眼前有誰願意傾聽我說故事、願意與我四目相交的聚會不停上演時，最終，我們會選擇減少這樣的聚會，有時候也會從文字而非關係中獲得安慰。

明明在數位時代裡，寫作市場彷彿會成為夕陽產業，但反而已經盛行了好幾年，成為社會趨勢。因為比起見朋友，有愈來愈多人是透過文章獲得心靈安慰，而這或許也是現代人已經疲於面對人際關係的寫照。我們總是希望對方可以發自真心地對我說：

「別擔心，你現在做得很好，光是現在這樣就已經很棒了。」
「你就是這種人啊，所以這條路對你來說是再好不過的了。」

如果是一些有人生智慧或者專業可信賴的人能夠再提供一些建言，那就更是錦上添花了。人生在世，沒有所謂正確解答，只有適合自

適當的距離

己的最佳解答。然而，朝向那樣的目標邁進的過程實在太過艱辛，有時候甚至不曉得究竟方向是否正確，所以總是令我們感到徬徨無助。世界級的靈修大師都會建議我們，聆聽自己內心的聲音，但是到底要在哪裡才能聽見這股聲音、要怎麼聽？都無從得知。

因此，我想要建議同樣有著這種困惑的人，不妨試試看以下這個方法，那就是打開一張屬於自己的一句籤詩。進行方式非常簡單，只要當你心生煩惱時，就取一張A4紙，把煩惱一一寫下，並附註自己的心情和需求。比方說，假如你在為該不該離職所煩惱，就請寫下「我想要離職」，並在下方誠實寫下自己對這件事情的感受、理由，以及希望的情感狀態。記得，先別急著「解決」，建議隨著感受先體會一下。

如果不是很滿意在公司裡的自己，那就如實寫下，並思考一下內心需求。比方說，假設你認為「我想要在公司裡按照自己的意思工作。我一定要以自己為主體，才會覺得暢快。」就將它如實記錄下來。專屬自己的一句籤詩重點不在於結果，光是掌握自己當下想法、狀態便足矣。最後，只要用一句可以把自己帶往更幸福之路的籤詩做結尾即可，比方說：「今天思考了好多事，一定很累吧，洗個熱水澡，好好睡覺哦。」

如果要以心理諮商師的身分給各位讀者的人生一個建議，那便是：「不論做任何選擇，一定要往珍惜自己的方向去選。」因為我們每個人都有義務愛惜、照顧自己。

專屬於我的一句籤詩，並不是某人可以替我寫的，當其他人漠視

我、難以再繼續撐下去、感覺隨時會不支倒地時,自始至終緊抓我的手不放的人,也一定要是自己才行。比起為人生做出一次明確爽快的解答,更重要的是每天一點一滴地更加了解自己、與自己變得更為親密。真正了解自己的人,會清楚知道要對自己說哪些話。不妨就從今天起,對長期忽視的自己搭個話,如何?

適當的距離

一、　請寫下近來最使你備感壓力的事情。

二、　目前你對這些事情有何感受？

三、　如果三十年後的自己要對現在的自己説一句建言，你覺得會是什
　　　麼？（以對話形式呈現）

＊三十年後，我的年齡是＿＿＿＿歲。

所謂「做自己」

你會喜歡我，我對你變得重要，是因為我就像是你的一面鏡子，因為在我之中有些會給你答案、理解你的東西。其實所有的人對彼此而言都是這樣的鏡子，彼此回答和回應。

——摘自赫曼‧赫賽的《荒野之狼》

（*Der Steppenwolf*，遠流出版，2016）

「客人，這裡只提供VIP客戶進出，一般顧客請使用下面的樓層。」

六年前，我走進一間位於清潭洞的髮廊，那是我這輩子從沒去過的高級髮廊，我站在只提供VIP客戶進出的祕密通道上，迷失了方向。那裡面是用大理石裝潢而成的空間，看起來十分奢華，還用一片酒紅色、絨毛質地的簾幕將空間隔開，徹底激發了我的好奇心，不禁引人遐想——也許是一間密室。正當我躡手躡腳，像是在開潘朵拉的盒子般小心翼翼地準備用手去掀絨毛簾幕時，我遭到店員的阻止；接下來，我聽見身後傳來非常耳熟的嗓音，原來是經常出現在電視裡的一位大明星，只見她一邊講著電話，一邊從密室裡走出來。

她手上拿著的那支手機，看起來比她的臉還要大，雖然身上穿著髮廊專用的披肩，卻絲毫掩蓋不住明星的風采，我就像個初次看見外國

人的小朋友一樣覺得神奇，目不轉睛地盯著她看，最後還是敵不過店員驅趕，只好回到樓下的一般顧客區。

那天，理髮椅前的鏡子顯得格外大而華麗，我看著鏡中的自己，昨日的疲勞明顯還沒消退，眼下還掛著深深的黑眼圈，眉毛也像光禿禿的山一樣稀疏，比沙漠還要乾燥的肌膚，感覺不論擦上多少層化妝品，都不可能遮得完美無瑕。我當時身處在清潭洞的奢華髮廊內，但我的樣子簡直就像個鄉巴佬，看起來十分窮酸。

最近正流行一個網路用語叫「咖啡因」，這並不是指一般我們所喝的咖啡裡含有的咖啡因，而是指韓國人沉迷於當今最常使用的三大社群網站：Kakaotalk、Facebook、Instagram的現象。每個人難以戒斷這種「咖啡因」的理由都不盡相同，有些人是用來炫耀自己的日常，藉由網友的按讚或留言來獲得滿足感；有些人則是透過窺探別人的日常獲得替代性滿足。

然而，窺探別人的日常，有時候反而會使我們陷入自責感或挫敗感。比方說，我已經被工作壓得喘不過氣，連個旅行都去不成了，朋友卻上傳出國旅遊的照片，穿著比基尼優閒地喝著調酒。看到這樣的照片，我們一方面覺得羨慕，另一方面則是感覺自己的人生好慘，雖然還是會照常為朋友的照片點讚，寫一些毫無靈魂的留言，但心情還是會盪到谷底。

社會心理學家查爾斯‧顧里（Charles Cooley）以「鏡中自我」（Looking Glass Self）的概念來說明社會人，也就是說，每一個人會把

他人眼中的自己，或者是他人期待的自己，認知為自己的樣貌，並形成自我。換言之，如果別人正面肯定我的行為，我就會正面看待自己；如果收到來自他人的負面評價，那就會用負面的角度認知自我。

因此，透過社群網站上的「讚」和「留言」，可能會把自己認知為不錯或光鮮亮麗的人，也有可能會把自己認知為糟糕或一無是處的人。透過他人對我的評價，來為「我」這個人做出定義，正是鏡中自我的代表範例。

如果可以自行定義自己是一個什麼樣的人、捍衛自尊，那自然是最健康的方式；但人類是社會化的動物，不可能做到完全不在乎他人的眼光和評價。雖然我們可以提醒自己，不要全然為了得到別人的肯定而活，但要是得不到世上任何一個人的肯定，那也會淪為孤立無助的人生。除此之外，要是全然忽視「鏡中自我」，也有可能會變成一名白目的人。

當別人眼中的我和自己心目中的我有著極大落差時，我們的內心會產生混亂，彷彿每天都在對別人演戲一樣，心裡很不自在。近來我的心理研究中心接受諮商的人中，不乏有為此問題困擾的人，要是會對混淆的自我感到不適，那還算是幸運，因為多的是尚未認知自己正在按照別人的期望、要求過生活的人。

儘管我們的自我意象是在社會環境中形成，但是與其無條件接納別人眼中的自己，不如仔細觀察自己是否如此，再來做選擇性的接納。因為別人只會看見你的某一面向就妄下評斷，而且也會以各自的觀點看

待事情，所以他們眼裡的你，很可能和真實的你有落差。單靠別人的評價去認知那就是「我」，是不正確的；我們可以參考他們給予的評價，但是定義自己的人依舊得要是「我」才行。

為了在資訊爆炸、充滿視覺刺激的現代社會裡做自己，必須有充分的自我省察時間，並且找到自我定位才行。要是屈服於社會對我的評價，並且戴上別人給我的面具生活，那麼真正的幸福將成為遙不可及的夢想。能否成為自己人生中的VIP，完全取決於自己。

Life	適當的距離：
003	獨處時寂寞，與人相處又不自在，人際關係不疲累的暖心練習
	적당한 거리

作　者	金素媛
譯　者	尹嘉玄
責任編輯	魏珮丞
特約編輯	張彥淳
封面設計	兒日設計
排　版	JAYSTUDIO

社　長	郭重興
發行人兼出版總監	曾大福
總編輯	魏珮丞
出　版	新樂園出版 / 遠足文化事業股份有限公司
發　行	遠足文化事業股份有限公司
地　址	231 新北市新店區民權路 108-2 號 9 樓
電　話	(02)2218-1417
傳　真	(02)2218-8057
郵撥帳號	19504465
客服信箱	service@bookrep.com.tw
官方網站	http://www.bookrep.com.tw
法律顧問	華洋國際專利商標事務所 蘇文生律師
印　製	呈靖印刷

初　版	2019 年 09 月
初版二刷	2019 年 11 月
定　價	380 元
ISBN	978-986-98149-1-1

적당한 거리
Copyright © KIM SOWON, 2018
All Rights Reserved.
This complex Chinese characters edition was published by Walker Cultural Enterprise Co., Ltd./
Nutopia Books Imprint in 2019 by arrangement with Cassiopeia Publishing Company through Imprima
Korea & LEE's Literary Agency.

適當的距離：

獨處時寂寞，與人相處又不自在，人際關係不
疲累的暖心練習

金素媛著；尹嘉玄譯作——初版
————新北市

新樂園出版：遠足文化公司發行，2019 / 09
216 面；14.8x21 公分——〔LIFE 003〕

ISBN 978-986-98149-1-1〔平裝〕

1. 人際關係　2. 自我肯定

177.3
108013271